alles Liebe!

Andreas Laun

Von Gott, Menschen und Tieren

Geschichten zum Nachdenken

Andreas Laun

Von Gott, Menschen und Tieren

Geschichten zum Nachdenken

EHE FAMILIE BUCH
BUCHHANDLUNG VERLAG

www.ehe**familie**buch.at, 5225 Jeging, Österreich, 2014

Druck und Bindung: General Druckerei GmbH, Ungarn
Umschlag: Günther Oberngruber, Lamprechtshausen
Umschlagfoto: © ewak - Fotolia.com
Fotos: © Natika - Fotolia.com, © grieze - Fotolia.com, © goodluz - Fotolia.com, © steschum - Fotolia.com, © K.-U. Häßler - Fotolia.com, © Leoba - Fotolia.com, © usbfco - Fotolia.com, © serjiob74 - Fotolia.com, Laun
Satz: b17 – Büro für Mediengestaltung
ISBN: 978-3-902336-03-3

Gottesgeschichten

Menschen

Tiergeschichten

Gottesgeschichten

Der Pfarrer und die Vögel

Eines Tages in der Osterzeit kam der Priester mit einem alten Vogelkäfig in die Kirche. Bevor er anfing zu predigen, stellte er den Käfig neben sich und begann den Gläubigen zu erzählen, was er erlebt hatte: „Ich traf," begann er, „einen Jungen mit diesem Käfig, in dem drei Vögel saßen, zitternd, weil der Junge den Käfig immer wieder durch die Luft wirbelte, und weil es kalt war. Ich fragte ihn: ‚Was hast du da?' Er lachte: ‚Das siehst du doch, drei Vögel!' ‚Und was willst du mit ihnen machen', fragte ich ihn. Daraufhin er: ‚Ich nehme sie nach Hause und mache Spaß mit ihnen! Ich werde sie reizen, indem ich ihnen Federn ausreiße, bis sie aufeinander losgehen! Es wird lustig werden für mich!' ‚Und was machst du dann?' fragte ich ihn. Daraufhin er: ‚Ich habe auch Katzen, denen gebe ich die Vögel, sie werden sie jagen und dann umbringen!' Ich war entsetzt! Dann fragte ich den Jungen: ‚Was verlangst du für die Vögel?' Der Junge fragte erstaunt: ‚Warum wollen Sie sie haben, sie sind weder schön noch singen sie!' Ich sagte nur: ‚Wie viel verlangst du?' Der Junge dachte wohl, ich sei verrückt, und sagte: ‚30 Euro!' Ich griff in die Tasche und gab ihm das Geld, der Junge lief lachend weg. Er hatte wohl ein gutes Geschäft mit mir gemacht.

Dann nahm ich den Käfig, ging zu einer Wiese, öffnete die kleine Tür und klopfte ein wenig an das Gitter, damit die Vögel begriffen, wie ihnen geschah. Sie hüpften zur offenen Tür und flogen fort in ihre Freiheit!"

Die Leute hatten aufmerksam zugehört, manche, das merkte man, waren sehr gerührt. Aber da begann der Priester wieder zu sprechen und sagte: „Jetzt erzähle ich euch noch eine Geschichte: Eines Tages sprach der Teufel mit Gott und sagte: ‚Ich komme gerade aus dem Paradies, das du geschaffen hast und habe die Menschen gefangen, alle! Ich habe ihnen eine Falle gestellt, und sie sind darauf hereingefallen, jetzt gehören sie mir!' Gott fragte: ‚Und was willst du mit ihnen machen?' ‚Ich werde mich mit ihnen vergnügen! Ich werde ihnen zeigen, wie man lügt, wie man sich scheiden lässt, wie man hasst und die anderen hereinlegt, wie man sich berauscht und auf Kosten anderer reich werden kann. Und ich zeige ihnen, wie man Bomben baut, um andere zu töten! Es wird sehr lustig für mich werden, und am Ende kommen sie alle zu mir in die Hölle. Dort quäle ich sie weiter in alle Ewigkeit.' Da sagte Gott: ‚Was verlangst du für sie?' Der Teufel war verwirrt angesichts dieser Frage, dann aber sagte er mit höhnischem Gesicht: ‚Für die Menschen? Die wirst du nicht haben wollen! Sie sind böse geworden, ich habe sie dazu gemacht und wenn du zu ihnen kommst und dich um sie kümmerst, werden sie auch dich hassen, dich anspucken, dich verfluchen und sogar töten!' Aber Gott wiederholte: ‚Was verlangst du?' Der Teufel lachte mit bösen, spöttischen Augen: ‚Was ich für sie will? Das Blut Deines Sohnes!' Gott sagte nur: ‚Einverstanden', und dann zahlte er den geforderten Preis!" Der Pfarrer schwieg, seine Gemeinde war ganz still geworden. Zuerst die Leute, dann auch der Priester, alle verließen ohne Worte die Kirche. Irgendwann später holte der Mesner den alten Käfig.

Gericht über Gott

Am Ende der Zeit versammelten Engel die Millionen Menschen aller Zeiten vor dem Thron Gottes. Die Stunde des Gerichts war gekommen und alle wussten es, ohne dass es verkündet oder erklärt worden wäre. Manche waren fröhlich und gelassen, andere schauten ängstlich in das helle Licht, das von Gott ausging und all die Anwesenden und ihre Gesichtszüge deutlich erkennen ließ. Wieder andere unterhielten sich aufgeregt, dazwischen standen viele, die nachdenklich zu sein schienen oder besorgt, ja, auch verzweifelt und voller Angst. Ja, manche machten den Eindruck, als wollten sie nur weg, fliehen, sich verstecken, wenn es nur möglich wäre. Daneben auch solche, die sich ruhig gaben, als stünden sie über den Dingen und dieses „Gericht“ ginge sie ohnehin nichts an, so als wollten sie sagen: „Über uns zu Gericht sitzen, das kann Gott nicht, das wird Er wohl nicht wagen!“

Nach einiger Zeit des Wartens entstand eine ganz andere Unruhe: „Was versteht Gott schon von unserem Leiden?“, fauchte ein Mädchen und zeigte auf seinem Arm die Nummer, die man ihm im Konzentrationslager eintätowiert hatte. Aufgeregt rief ein Schwarzer: „Und ich, mich hat man gelyncht, weil ich schwarz bin! Viele meiner Angehörigen sind in Sklavenschiffen erstickt und die, die überlebten, mussten arbeiten wie Tiere, bis ihnen der Tod endlich Freiheit brachte!“

Es war, als wäre ein Damm gebrochen, der eine Flut von Leiden aufgestaut hatte, das jetzt von unzähligen Stimmen anklagend benannt wurde: von Kindern, die missbraucht, Frauen, die ein Leben lang unterdrückt worden waren, Männern, die als Soldaten im Schützengraben verblutet und als Gefangene gefoltert worden waren!

Waren es zunächst nur vereinzelte Stimmen, so brandeten jetzt die Klagen über das erlittene Leid auf und zwar als Anklagen gegen Gott: Das Argument war immer dasselbe: Warum hat Gott das Böse und unser Leiden in der Welt zugelassen? Konnte sich Gott, der die Menschen doch erschaffen hatte, nicht vorstellen, was Menschen anderen Menschen antun und wie groß auch andere Leiden auf Erden sind?

Manche hatten bei aller Aufregung das Gefühl, dass die Anklage Gottes mehr als nur ungehörig sei, aber einer berief sich auf Jeremias (12, 1-4), der zu Gott gesagt hatte: „Du bleibst im Recht, Herr, wenn ich mit dir streite; dennoch muss ich mit dir rechten. Warum haben die Frevler Erfolg, weshalb können alle Abtrünnigen sorglos sein? ... Wie lange noch soll das Land vertrocknen, das Grün auf allen Feldern verdorren? Weil seine Bewohner Böses tun, schwinden Vieh und Vögel dahin.“ Und ein anderer setzte nach: „Natürlich dürfen wir mit Gott auch streiten über seine Gerechtigkeit, das hat doch unser Stammvater Abraham (Gen 18, 20ff) auch getan – und Gott hat ihm sogar Recht gegeben!“

Es bildeten sich Gruppen, die ihre Sprecher wählten, diejenigen, die am meisten gelitten hatten: ein Jude, eine Schwarze, ein Inder, eine uneheliche Mutter, ein Kind, das nie das Licht der Welt erblickt hatte, ein Krebskranker, ein AIDS-Kranker, eine Frau aus Hiroshima und ein Mann, der in einem Lager des Archipel Gulag gestorben war und viele andere.

Einig waren sie sich alle in einer unerhörten Forderung: Bevor Gott Menschen richtete, müsse er die Leiden, die sie erduldet hatten, selbst erlitten haben! Ihre einstimmig angenommene Forderung lautete: Vor allem Urteil über die Menschen sollte Gott verurteilt werden auf der Erde zu leben, als Mensch, leidensfähig und dem Leiden ausgesetzt wie alle anderen Menschen! Und die Versammlung verschärfte ihr Urteil durch die Bedingung: Gott müsse auf die Möglichkeit verzichten, sich durch seine Allmacht selbst zu helfen!

Aber wie sollte das gehen? Auch darauf hatte man bald eine Antwort bereit: Gott sollte als Jude geboren werden, die Legitimität seiner Geburt sollte zweifelhaft bleiben, Vater unbekannt. Er sollte versuchen, den Menschen zu erklären, wer und wie Gott sei und zusehen, wie weit er damit käme! Er sollte von seinen engsten Freunden verraten und aufgrund falscher Anschuldigungen angeklagt werden: verhört von einem voreingenommenen Gericht, von einem feigen Richter verurteilt und schließlich hingerichtet werden, grausam wie so viele andere Menschen auch! So sollte er selbst erfahren, was es heißt, völlig allein und verlassen von den Menschen zu sein und so zu sterben! Das sollte in aller Öffentlichkeit geschehen und zwar so, dass kein Zweifel an seinem wirklichen Tod jemals aufkommen könnte.

Während jeder Sprecher seinen Teil dieses ‚Urteils über Gott' verkündigte, erhob sich zunächst ein großes Raunen in der Menschenmenge, das aber überging in ein tiefes Schweigen. Irgendwie schien allen bewusst geworden zu sein, wie ungeheuerlich es war, was sie mit ihrem Urteil gefordert hatten! Mehr noch: Diejenigen, die Gott verurteilt hatten, zogen sich zurück, einer nach dem anderen, und niemand wagte mehr zu sprechen. Denn plötzlich wussten alle und schämten sich: „Genau das, was wir fordern, hat Gott schon längst getan! Jesus, Gottes Sohn selbst, Er hat wie so viele andere Menschen, mit den Menschen und für die Menschen gelitten!"

… und es gibt doch eine andere Welt!

Hellmut Laun, So bin ich Gott begegnet

Es war an einem Vorfrühlingstag. Auf den Bergen herrschte noch Winter, aber die Felder im Tal waren schon schneefrei, und ein Hauch von Frühling lag in der Luft. Mein Freund und ich beschlossen, nach dem Abendessen mit unseren Motorrädern noch einen Ausflug zu machen. Die Straße dorthin war fast schnurgerade. Ich fuhr voraus, in kurzem Abstand folgte mein Kollege. Die Straße lag nahezu ohne Verkehr vor uns. Es war dunkle Nacht, nur unsere Scheinwerfer erhellten den Weg. Plötzlich sah ich, dass ein Bahnschranken die Fahrbahn versperrte. Das rote Warnsignal war nur durch eine Petroleumlampe beleuchtet, und so erkannte ich die Situation um Sekunden zu spät. Ich hatte Mühe, meine schwere Maschine zum Stehen zu bringen. Es gelang jedoch, und ich wandte mich augenblicklich um, um meinem nachfolgenden Kollegen ein Zeichen zu geben. Aber dazu war es zu spät. Ohne noch richtig bremsen zu können, prallte er mit

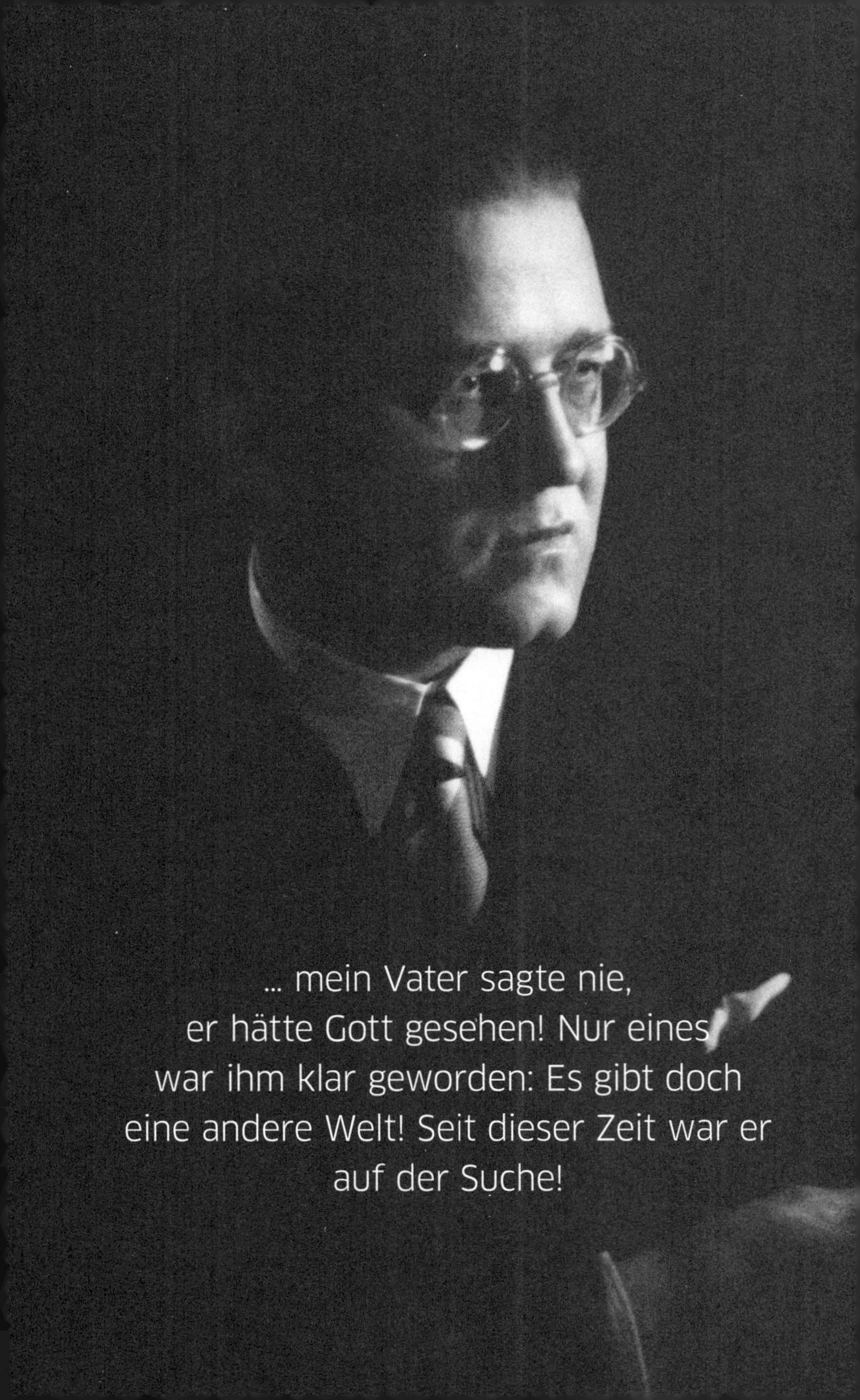
... mein Vater sagte nie,
er hätte Gott gesehen! Nur eines
war ihm klar geworden: Es gibt doch
eine andere Welt! Seit dieser Zeit war er
auf der Suche!

einem Krach schräg von hinten auf mich auf. Ich kam zu Sturz, das Motorrad kippte auf mich, und als ich aufstehen wollte, merkte ich zu meinem Schrecken, dass mein rechter Fuß wie gelähmt war und ich mich nicht erheben konnte. Inzwischen brauste der Schnellzug, dem die Schließung des Schrankens gegolten hatte, vorbei, und der Schrankenwärter, der den Unfall bemerkt hatte, kam herüber. Mein Freund war mit einigen unbedeutenden Verletzungen davongekommen und bereits aufgestanden, aber über mir lag noch mein Motorrad und es zeigte sich sogleich, dass der rechte Fuß gebrochen sein musste. Der Bahnwärter verständigte die Rettung. Ich lag inzwischen mitten auf der Straße und die wenigen Autos, die während des Wartens daherkamen, wurden um mich herumgeleitet. Ich dürfte nicht viel länger als eine Viertelstunde so gelegen sein, bis der Rettungswagen kam. Aber die Minuten schienen wie Stunden. Ein dünnes Blutgerinnsel wurde sichtbar und verbreitete sich auf der Straße, sodass mir immer klarer wurde, dass ich auf keine rasche Heilung hoffen durfte. Schließlich war der Rettungswagen da und man brachte mich auf meinen Wunsch hin nach Innsbruck ins Sanatorium an der Kettenbrücke, das der Unfallstelle am nächsten lag. Es war ungefähr halb 11 Uhr nachts geworden, als der herbeigerufene Arzt im Sanatorium eintraf. Die Untersuchung ergab, dass es sich um einen offenen Bruch handelte, der eine länger dauernde Operation nötig machte.

Man brachte mich also in den Operationssaal. Es kamen die Operationsschwestern, es kam ein Narkotiseur und nach den üblichen Vorbereitungen wurde ich in eine Äthernarkose gelegt, die von etwa 11 Uhr nachts bis gegen 6 Uhr früh dauern sollte. Die lange Dauer ergab sich aus dem Umstand, dass viele Knochensplitter entfernt und die offene Wunde stundenlang gespült werden musste, um eine Infektion zu verhindern, die mit ziemlicher Sicherheit zu einer Amputation geführt hätte, wie man mir später sagte. Der Narkotiseur war eine Hilfskraft, die man angelernt hatte, denn zu jener Zeit gab es noch keine Fachärzte für dieses Spezialgebiet. Es war derselbe Mann, der mir später dieses und jenes nachträglich erzählte, was sich in der langen Nacht dieser Operation zugetragen hatte: Es war, wie ich schon erwähnte, eine Äthernarkose. Der Patient bekommt dabei eine Maske auf die Nase, und der Narkotiseur träufelt Äther, der in schwächerer oder stärkerer Dosis mit der Atemluft eingeatmet wird, auf einen Mullbausch. Die Aufgabe des Narkotiseurs ist es sodann, den Patienten zu beobachten und die Tiefe der Bewusstlosigkeit zu kontrollieren. Das geschah damals durch Beobachtung der Pupille. Der Mann erzählte mir später, dass es bei mir eine ungewöhnlich lange Narkose gewesen war. Irgendwann in dieser Nacht kam schließlich der Augenblick, in dem der Narkotiseur sah, dass die Betäubung gefährlich zu werden begann und ich, wie er sich ausdrückte, „schon fast drüben war". Der Chirurg ordnete daraufhin an, mit der Narkose nachzulassen. Nach einiger Zeit „kam ich", was im Fachjargon besagt, dass der Patient aus der Bewusstlosigkeit zu erwachen beginnt. Diesen Augenblick habe ich noch genau in Erinnerung; doch davon will ich später erzählen. Als kein Zweifel mehr bestand, dass ich wieder ganz „da" war und sogar den Fuß, an dem noch operiert wurde, zu bewegen begann, gab man wieder Äther und ich wurde neuerlich bewusstlos. Der Narkotiseur versicherte mir später mehrmals, dass er erschrocken war und auf Grund des Pupillentests und seiner jahrelangen Erfahrung befürchtet hatte, ich käme aus dieser langen und tiefen Narkose „nicht wieder zurück“.

Es war meine erste Narkose und ich weiß noch, dass ich mir fest vornahm, den ganzen Vorgang des gewaltsamen Bewusstseinsentzuges genau zu beobachten, soweit das nur möglich wäre. Es war mir zumute, als legten sich Ringe um mich, immer mehr Ringe, die die Verbindung der Sinne mit der Welt einengten. Schließlich waren es dicke Mauern und ich verlor das Bewusstsein.

Es mag Stunden gedauert haben, bis die Narkose jene Tiefe erreichte, von welcher der Narkotiseur mir später berichtete. Zeit und Raum hörten auf zu existieren, der Kontakt mit der Umwelt war unterbrochen, jedes Gefühl erloschen. Aber nun erlebte ich etwas Seltsames: Zuerst schwach, doch zunehmend stärker erfasste ich, dass ich wieder „war“. Ich erwachte gleichsam in einem jenseitigen, von der Welt getrennten geistigen Raum und begriff mich als Ich. Mein Bewusstsein von mir selbst war dabei absolut identisch mit meinem Personsein in der Welt und doch von anderer Art als dort. Es ist schwer, dafür die passenden Worte zu finden. Am ehesten möchte ich sagen: Ich nahm wieder wahr, wie früher in der Welt, aber doch auch anders, vor allem aber staunend.

In diesem ganz geistigen Raum (Raum jedoch nicht im irdischen Sinn, sondern eben jenseitig) erfasste ich zunächst undeutlich, in der Ferne, ein geistiges Zentrum, wie ein Licht von ungeheurer Intensität, einen Mittelpunkt, auf den alles in jenem Raum hin geordnet war. Mein geistiges Auge, der Mittelpunkt meiner Person, war wie gebannt auf dieses noch ferne Zentrum gerichtet und schon sein Anblick erweckte in mir eine tiefe Sehnsucht, ihm näher zu kommen, als dem letzten, beglückendsten Ziel. Es war, als ob alles, was ich jemals in meinem Leben ersehnt und gewünscht hatte, hier wie in einem Brennpunkt gesammelt, in einer alle Vorstellungen übersteigenden Fülle lebendig und auf jenen Mittelpunkt gerichtet sei; und als ob jedes Wesen nichts anderes erstreben könne als die innigste Verbindung mit eben diesem beseligenden geistigen Zentrum. Mit der Erkenntnis dessen war unmittelbar ein tiefes Glück verbunden; denn ich nahm wahr, dass ich mich auf jenes zuinnerst begehrte Zentrum hin bewegte, mich ihm näherte. Nicht geradlinig, sondern – ich zögere, es niederzuschreiben – in einer Spiralbewegung. Ich bewegte mich – deutlich wahrnehmbar, aber schwer zu beschreiben – in Kreisen um das ferne Ziel herum, in Kreisen, die mit jeder Umdrehung enger wurden. Dadurch kam ich dem Mittelpunkt näher und näher. Er wurde mir mit jeder Umdrehung deutlicher, beglückender und zugleich wurde die Sehnsucht immer tiefer, immer intensiver, das begehrte Ziel ganz zu erreichen. Es war, als würde ich immer mehr mit voller Klarheit erkennen, dass kein irdisches Gut mich jemals so beglückt hatte und je beglücken können würde wie dieses unbegreifliche Licht. Heute, nach so vielen Jahren, würde ich sagen, dass von dem geheimnisvollen Zentrum eine unendliche Lebensfülle ausging, ein rätselhaftes Alles-in-Allem. In die Sehnsucht, ganz zu diesem Zentrum zu gelangen, mischte sich keine Spur von Auflösung, kein Gedanke an ein Verlöschen in dieser gewaltigen Sonne, von der eine grenzenlose Kraft auszustrahlen schien. Ganz klar war mit der Beglückung der Annäherung die Gewissheit verbunden, dass mein eigenes Ich dort seine Erfüllung finden würde.

Ich kam also dem Mittelpunkt der Spirale immer näher. Mit jeder weiteren Umdrehung, mit zunehmender Annäherung wurde das Verlangen heftiger, ganz zu der beseligenden Mitte als dem begehrenswertesten Gut hinzugelangen. Alle Wesen des jenseitigen Raumes erkannten dies ebenso klar, wie im Diesseits alle die gemeinsame Umwelt mit den gleichen Sinnen wahrnehmen. Da sich die Bewegung in Spiralen vollzog, nahm die Geschwindigkeit der Annäherung ständig zu. Aber an einem bestimmten Punkt der Bahn wurde ich auf einmal an der Weiterbewegung gehindert. Die Bewegung kam zum Stillstand, ja sie wurde rückläufig, sodass ich mich in der Spirale wieder nach außen bewegte und von dem ersehnten Mittelpunkt entfernte. Ich muss noch erwähnen, dass ich bei all diesen Vorgängen weder die Möglichkeit hatte, die Bewegung der Annäherung zu fördern, noch die rückläufige Bewegung zu stoppen. Diese Rückwärtsbewegung war mir ebenso schmerzlich, wie die Annäherung beglückend gewesen war und zwar bestand der mit der wachsenden Entfernung zunehmende Schmerz eben darin, das als zutiefst beglückend erkannte Gut verlassen zu müssen.

Und dann kam ein Augenblick, der für immer meiner Erinnerung eingeprägt bleiben wird: Es wurde mir plötzlich klar – wie dies geschah, weiß ich nicht – dass ich in wenigen Augenblicken zum Bewusstsein, in die Welt zurückkehren, dass ich jetzt gewissermaßen die Grenze überschreiten würde. Diese Erkenntnis war von dem festen Willensakt begleitet, den Augenblick für mein späteres Leben festzuhalten und mir unauslöschbar einzuprägen. Es war, als ob eine Stimme zu mir sagte: „Merke dir das für immer!“ Gleich darauf war es mir ganz deutlich, dass es eine diesseitige und eine jenseitige Welt gibt, ein diesseitiges und jenseitiges Bewusstsein. Es war etwa so, wie wenn man durch das Tor einer Scheidewand geht, die zwei Räume trennt und in dem Augenblick, in dem man den Durchlass passiert – aber nur in jener einzigen Sekunde auf der Schwelle – mit einem Blick gleichzeitig beide Räume wahrnimmt.

„Er kommt ...“, das waren die ersten Worte, die ich hörte. Gleichzeitig war ich wieder „da“, wusste wieder, was sich ereignet hatte, warum ich hier lag, kurz, ich war wieder bei vollem Bewusstsein.

Ich begann mich nun auch zu bewegen. Der Arzt gab dem Narkotiseur eilige Anweisungen, die Narkose fortzusetzen bzw. wieder zu verstärken. Ich sank erneut in Bewusstlosigkeit zurück, ohne aber diesmal – wie im ersten Teil der Nacht – etwas zu erleben.

Dieser zweite Teil der Operation hat noch Stunden gedauert. Erst gegen 7 Uhr früh fand ich mich in einem Einzelzimmer wieder. Neben meinem Bett saß eine alte katholische Klosterfrau, eine Barmherzige Schwester. Das ganze Zimmer war von Äthergeruch erfüllt, und mir schien, dass ich mit jedem Atemzug ganze Wolken von Äther ausatmete.

Plötzlich, wie mit einem Schlag, erinnerte ich mich an das, was ich in der Nacht erlebt hatte. Ich wurde unruhig und die Schwester beugte sich über mich und fragte, ob mir etwas fehle. Ich stieß erregt immer wieder die gleichen Worte hervor: „Schrecklich, schrecklich, entsetzlich!“ Die Schwester meinte natürlich, ich spräche von meinem schweren Unfall und begann, mir Trost zuzusprechen - er bezog sich auf meinen Fuß und auf die Konsequenzen, die ja wirklich recht unangenehm waren, an die ich aber jetzt noch keinen Gedanken verlor. Was mich ausschließlich beschäftigte, war das merkwürdige Erlebnis in der Narkose. Nur darum drehten sich alle meine Gedanken, nur das versuchte ich in mein Bewusstsein einzuordnen. Was war geschehen? War es ein Traumgespinst? War es erlebte Wirklichkeit? Was hatte es zu bedeuten? Ich war hellwach, und in mir jagten einander hundert Fragen, Antworten und Deutungen.

Aber dann fiel mein Blick wie zufällig auf das Kruzifix, das mir gegenüber an der Wand hing. Ich nahm es wahr, als sähe ich zum ersten Mal in meinem Leben ein Kreuz. Plötzlich ging es wie ein Schrecken durch mich hindurch – ein Zusammenhang mit dem Erlebten! Es war eine noch tiefere Beunruhigung als das Erlebnis in der Narkose selbst. In diesem hatte ich nichts von Christus wahrgenommen, ja überhaupt nichts, was unmittelbar von Gott gekündet hätte. Hatte ich doch bis dahin ohne Religion gelebt. Was sich mir in jener Nacht der Narkose tief einprägte, war nun etwa dies:

Erstens: Das Leben des Menschen endet keinesfalls mit dem Tod, so eindrucksvoll die Vernichtung des Leibes dies auch zu beweisen scheint. Das Bewusstsein erlischt zwar in Bezug auf diese unsere Welt, erwacht aber nach völliger „Durchschreitung des Tores" in einer anderen Welt, im Jenseits oder Drüben, oder welche Ausdrücke immer man dafür verwenden mag. Das Fortleben der Person, jenes geheimnisvollen Ichs, in voller Identität ist eine Wirklichkeit: Man könnte auch sagen, der Personenkern wird nicht zerstört, er ist offenbar für eine Ewigkeit bestimmt.

Zweitens: Jenseits unserer sinnenhaft erfahrenen Welt existiert ein Geist, ein Geist von unvorstellbarer Dimension, ein geistiges Zentrum des Universums, dessen Macht und Größe die menschliche Vorstellungskraft unendlich übersteigt.

Drittens: Dieses geistige Zentrum muss offenbar für die menschliche Seele die Summe alles Begehrbaren, aller

Werte sein. Wie hätte ich sonst die Annäherung schon von weitem als letzte Beglückung erfahren und – noch mehr – ersehnen können?

Das waren ungefähr die Gedanken, die ich mir schon in den ersten Stunden nach dem Erwachen gemacht hatte; Gedanken, die einander durchkreuzten und die auch immer wieder von mir verworfen wurden im Zweifel, das Ganze sei vielleicht nur ein besonders intensiver Traum gewesen, eine Chimäre, der keine Realität entsprach. Und jetzt diese ebenso unerklärliche wie starke, plötzliche Einsicht, dass der Gekreuzigte damit in irgendeinem Zusammenhang stehe! Meine Beunruhigung nahm noch zu. Etwas Unergründliches, bis dahin nie Erlebtes, ja etwas Unheimliches hatte mich angerührt. Mein ganz harmloses, neutrales und sicheres Weltgefühl war erschüttert, die Konsequenzen waren für mich unabsehbar und beängstigend zugleich! So ist es verständlich, dass ich tagelang kaum ansprechbar war und einen verstörten Eindruck auf Freunde und Besucher machte. Ich war geradezu froh, dass sie alle meinten, ich nähme eben den Unfall mit dem vom Arzt angedeuteten langen Krankenhausaufenthalt zu tragisch. Das enthob mich aller anders lautenden Erklärungen – denn es gab damals noch niemanden, dem ich mich hätte anvertrauen können.

Nachsatz des Sohnes dessen, der dieses Erlebnis hatte: Mein Vater sagte nie, er hätte Gott gesehen! Nur eines war ihm klar geworden: Es gibt doch eine andere Welt! Seit dieser Zeit war er auf der Suche!

Der Traum, der mehr war als ein Traum

Helmut Laun, So bin ich Gott begegnet

Wie gewöhnlich war ich etwa um 22 Uhr schlafen gegangen, als ich plötzlich mitten in der Nacht – es war gegen 2 Uhr – durch ein Traumbild erwachte, das sich von jedem bis dahin gehabten Traum durch seine ungeheure Intensität unterschied und das – in einer mir heute noch unbegreiflichen Weise – in das Wachsein gewissermaßen hinüberreichte. Was ich sah, war ein Bild von großer Wucht und Eindringlichkeit:

Meine Seele befand sich zwischen dicken Mauern wie in einem Kerker. In diesem Kerker gab es zwar Fenster, die den Blick nach draußen freigaben; aber diese Öffnungen waren mit dicken Eisenstäben versperrt, welche ein Entweichen ebenso verhinderten, wie es so offensichtlich die Steinquader der Mauern taten. Durch die Gitter sah man jedoch hinaus in eine Freiheit, welche die Seele als ihre Heimat erkannte und tief ersehnte. Das Erschreckende und

Hoffnungslose der Situation war das tiefe Verlangen der Seele nach „hinaus" und zugleich ihre Einsicht in die Aussichtslosigkeit dieses Verlangens angesichts der unüberwindlichen Mauern und Gitterstäbe. Trotz aller Sehnsucht, aus dem Kerker zu entkommen, gab es also augenscheinlich nicht die geringste Möglichkeit dazu. Die Erkenntnis dieses Zustands erfolgte in einem einzigen Augenblick und sie war ebenso tief wie furchterregend und ist mit Worten nur mangelhaft zu beschreiben.

Verzweifelt und voller Schrecken über diesen dumpfen Ort der Hoffnungslosigkeit presste ich mein Gesicht an die Eisenstäbe, durch die das Licht von draußen hereinfiel: Dort war jener beglückende geistige Raum, die beseligende Freiheit, das Element, in dem allein die Seele leben konnte, der Ort, der ihrem Wesen gemäß war.

Wie lange ich mich in diesem Kerker gefangen erlebte, ist unmöglich zu sagen. Es schien mir, als hätte ich die ganze Situation blitzartig wahrgenommen, jedoch erschütternder, als man sonst einen Traum erlebt. Dennoch gab es, wie mir vorkam, eine zeitliche Abfolge innerhalb dieses Erlebnisses. Denn als ich mich hoffnungslos von den schrecklichen Eisenstäben in den Raum des Gefängnisses zurückwandte, fiel mein Blick nach oben, an die Decke des Raumes, in dem ich mich befand. Erst mit ungläubigem Erstaunen, aber dann mit zunehmender Gewissheit und immer tieferem Entzücken gewahrte ich oben eine Öffnung, die durch kein Gitter verschlossen war, sondern den Ausgang in jene Freiheit ermöglichte, nach der sich jede menschliche Seele sehnen musste. Diese wahre und einzige Öffnung war Christus. Ich sah keine Gestalt, ich hörte keine Worte, aber ich begriff mit unsagbarer Eindringlichkeit den Sachverhalt, den Ausweg aus der Hoffnungslosigkeit, die diskussionslose Wahrheit der Worte: „Ich bin der Weg, die Wahrheit und das Leben.“ Wie mir das geschah, weiß ich nicht. Aber aus der Logik der Situation, in der ich mich befand, erkannte ich die Befreiung durch Christus – und nur durch Ihn – als einzige Lösung. Ein Zweifel war ausgeschlossen. Mit anderen Worten: Das, was ich schon im Credo, dem Glaubensbekenntnis der heiligen Kirche gläubig bejaht hatte, prägte sich jetzt meiner Seele in einer außerordentlichen Weise ein, tiefer als es eine natürliche Erkenntnis bewirken hätte können.

Der Traum ging in Erwachen über. Ich erschrak zutiefst, begann zu zittern und sprang aus dem Bett, fiel auf die Knie und begann zu beten, wie ich, schien mir, noch nie gebetet hatte. Während ich so – ganz wach und bei vollem Bewusstsein – auf den Knien lag, durchdrang meine Seele gewissermaßen die Realität Gottes. Ich erkannte mit einer nicht wiederzugebenden Klarheit, dass Gott der absolute, uneingeschränkte Herr und Gebieter des Universums ist und dass alles, was das Alte und das Neue Testament über Ihn aussagen, vollständig der Wahrheit entspricht. Alles Geschaffene ist, an Ihm gemessen, gleichsam ein Nichts.

Und noch eines durchdrang mich bis ins Innerste: Dass Gott ein personaler Gott ist, die absolute Person und deshalb der lebendige Gott. Alles, was ich jemals über Ihn gehört oder in der Bibel gelesen hatte, bekam jetzt in mir eine Lebendigkeit wie nie zuvor, und ebenso wurde mir auch bewusst, wie verschieden tief Glaubensinhalte geglaubt werden können.

Vor mein geistiges Auge trat genau jener Mittelpunkt des Universums, den ich in der Narkose geschaut hatte, nur jetzt nicht mehr als das unermessliche geistige Licht, sondern – wenn ich wagen darf, es so zu sagen – die Personalität Gottes.

Der Eindruck war derart überwältigend gewesen, dass ich zitternd und bebend auf den Knien lag. Die Gedanken in meinem Kopf jagten einander und kreisten immer um die beunruhigende Frage, was Gott mit diesem neuerlichen Anruf von mir wolle, nachdem ich gemeint hatte, Seiner Einladung gefolgt zu sein, indem ich in Seine Kirche eingetreten war. Im Gegensatz zum seinerzeitigen Erlebnis in der Narkose konnte ich ja diesmal keinen Augenblick im Zweifel sein, dass es Gott war, der mich berührt hatte, nicht irgendeine Erscheinung, die von mir auch anders hätte gedeutet werden können …

Gott und sein Mensch

Nachdem Gott die Engel erschaffen hatte, machte ER sich daran, das Weltall und, darin enthalten, auch die Erde zu erschaffen. Die Engel sahen interessiert zu, überrascht und voll Bewunderung für all das, was Gott erschuf! Ihr Staunen wurde grenzenlos, als Gott dann die Menschen erschuf, als Mann und Frau und erklärte: Ich mache sie nach Meinem Bild! Als Gott schon fast mit den Menschen fertig war, schaute er aufmerksam auf den Baum der Erkenntnis von Gut und Böse im Paradies, in das er den Menschen ja setzen wollte. Er dachte daran, wie groß die Gefahr für seine lieben Menschen war, von den Früchten des ihnen verbotenen Baumes zu essen. Denn dann würden sie, sah Gott voraus, meinen, sie könnten selbst bestimmen, was gut und böse sei! Er wandte sich wieder den Menschen zu und begann, etwas in ihrem Herzen zu machen. Erstaunt fragte ein Engel: „Herr, was geschieht jetzt, was machst Du noch an ihnen, sie waren doch schon fertig?“ Gott lächelte und sagte: „Das kann ich Euch nicht leicht erklären, Ihr seid zu jung, meine Menschen sind klug und werden eines Tages Maschinen bauen, die eine Festplatte haben, auf der sie alles, was sie wollen, aufschreiben können. Und ich, ihr Schöpfer, benütze jetzt ihr Herz als eine erste ‚Festplatte', auf die ich für sie schreibe, wie sie leben müssen, damit sie nicht sterben und mit mir in Liebe verbunden bleiben. Die Menschen werden diesen Text, den sie in ihrem Herzen ablesen können, ‚Gewissen' nennen. Der hl. Paulus wird einmal schreiben: ‚Gott hat seine Gebote jedem Menschen ‚ins Herz geschrieben', weil auch zu seiner Zeit die Menschen noch keine Computer hatten! Übrigens, ich werde diesen ‚ersten Computer' im Menschen selbst auch benützen, um ihm Emails zu schicken (Eingebungen, Berufungen) und um sein Leben zu steuern nach meiner Vorsehung. Ich habe ihn so programmiert, dass er auch wie ein GPS funktioniert: Das Gewissen schaltet sich ein, um dem Menschen den richtigen Weg anzusagen, aber auch, um ihn zu warnen, wenn er in die falsche Richtung fährt und es berechnet seinen Lebensweg neu, wenn er sich verfahren hat und nicht meiner Vorsehung gefolgt ist!" Die Engel hatten sprachlos zugehört, vieles nicht verstanden, aber schauten jetzt mit noch größerer Achtung auf das neue Geschöpf Gottes namens „Mensch" – und freuten sich zu hören, dass Gott viele von ihnen bestimmt hatte, als „Schutzengel" den Menschen zu helfen! „Wir sind schon sehr gespannt, wie sich diese Menschen entwickeln werden und was das wohl bedeutet, ein „Schutzengel" zu sein. „Na ja", sagte ein Engel, „das ist doch leicht zu verstehen: Wir sollen den Menschen Freunde sein und ihnen helfen!" Alles in allem, die Freude war im ganzen Himmel groß, begleitet von dem Staunen, wie wunderbar Gott nach allen anderen Lebewesen auch noch den Menschen geschaffen hatte! Nur, was Gott mit und für diese Geschöpfe sonst noch vorhatte, wussten sie natürlich noch nicht! Gott lächelte nur und sagte: „Ihr werdet schon noch sehen!"

Weihnachtsmärchen

Es war einmal vor langer Zeit. Im Himmel waren alle beisammen, viele Menschen, solche, die ziemlich „heilig“ gelebt hatten, andere, die erst nach Umwegen ihren Weg zu Gott gefunden hatten, darunter auch wirklich große Sünder. In der Mitte des Himmels saß Gott, umgeben von einer unüberschaubaren Zahl von Engeln. Es herrschte allgemeine, überbordende Freude bei allen, weil sie Gott sehen und bei Ihm sein durften!

So groß die Freude auch war, der Grund für die Versammlung war ernst! Auf der Erde standen die Dinge schlecht, die Gebote Gottes bedeuteten den meisten Menschen schon lange nichts mehr, sie taten, was sie wollten, der Bund mit Gott war in Vergessenheit geraten, sie lebten ohne Scham, das Wort „Sünde“ wurde belächelt! Es musste etwas geschehen, fragte sich nur was? Ein Erzengel trat vor: „Man sollte“, meinte er, „wieder einmal Propheten senden, wie früher auch schon!“ Dagegen sprachen sich energisch einige jener Propheten aus, die Erfahrung hatten und jetzt schon im Himmel waren: „Hast du vergessen, wie weitgehend erfolglos wir waren und auch, wie es uns

… aber für Gott
wäre es unpassend, als
Löwe zu den Menschen zu
kommen …

ergangen ist? Auch neue Propheten werden die Lage nicht wirklich ändern können, wir wissen, wovon die Rede ist, auch wir haben ja alles versucht." Andere meinten, man sollte es wenigstens versuchen, ganz so erfolglos seien die früheren Propheten ja doch nicht gewesen! Die Versammlung kam zu keinem Ergebnis, das alle überzeugte. Einig war man sich letztlich nur darin: Nur Gott selbst könnte die Menschen ändern und sie zur Umkehr bringen! Aber sogar gegen diesen Vorschlag wurden Zweifel angemeldet: „Gott ist zwar allmächtig, ja, aber ER achtet die Freiheit der Menschen und wenn diese nicht wollen, wird sich nichts ändern. Wenn, geht es nur, wenn ER sie überzeugt und das wiederum wird nur gelingen, wenn Er zu ihnen in einer Weise spricht, die sie verstehen können." Aber wie das konkret gehen könnte, wusste er nicht zu sagen.

Plötzlich rief ein Engel: „Seid doch still, da ruft jemand!". Tatsächlich, jetzt hörten es alle: „Reiß doch den Himmel auf, und komm herab, so dass die Berge zittern vor dir!" (Jes 63,19) Alle hatten es gehört und blieben still. Da kam die Stimme wieder und dann wieder und noch lauter! „Wer ruft, wer ist das, kennen wir ihn?", fragte jemand und ein anderer: „Mich interessiert mehr, wen der Mann ruft und wie er das mit dem Herabkommen meint?" Und ein Dritter: „Das ist Jesaja, ich kenne seine Stimme, er ist der Prophet bei dem auserwählten Volk, das Gott so sehr liebt!" Jemand lachte: „Na ja, Jesaja scheint ein wenig verrückt geworden zu sein, denn offenbar kann er ja nur Gott selbst meinen mit dem Herabkommen, denn vor wem sonst würden die Berge zittern?" Aber dann wurde der Sprechende ganz ernst und korrigierte sich selbst: „Er ist nicht verrückt, seine Verzweiflung muss groß sein, wenn er so etwas vorschlägt wie, dass Gott selbst herabkommen sollte! Aber

Gott auf die Erde, wie stellt er sich das vor, ist das nicht doch verrückt?“ Vor allem, wenn man bedenkt, was Gott selbst über sein Volk denkt, wie Jeremia (9,1) „Hätte ich doch eine Herberge in der Wüste! Dann könnte ich mein Volk verlassen und von ihm weggehen. Denn sie sind alle Ehebrecher, eine Rotte von Treulosen.“ Wirklich, die Idee, Gott solle zu diesem Volk gehen ist wahnsinnig! Aber andererseits, alle wussten, wie oft Gott schon verziehen hatte und wie anders Er immer wieder handelte, als man es sich gedacht hatte! Und doch: Alle waren sich einig: „Unmöglich, aber wenn Jesaja auch Unmögliches zu erbetteln scheint, was soll, was wird denn Gott wirklich machen?“

Alle Blicke richteten sich fragend auf Gott, alle schwiegen und warteten auf Seine Antwort. Da begann Gott zu sprechen: „Ihr habt richtig verstanden, ja, es ist Jesaja, der da ruft und er meint wirklich Mich und er bittet Mich inständig, auf die Erde zu kommen!“

Einige Engel begannen, verhalten zwar, aber doch zu lachen. Abraham und Sarah, die sich längst in der himmlischen Schar befanden, erinnerten sich, wie sie gelacht hatten bei der Ankündigung, sie würden im hohen Alter noch einen Sohn bekommen. Aber jetzt lachten sie nicht mit, sie erinnerten sich, wie dann genau das, worüber sie gelacht hatten, geschehen war! Das war zwar unglaublich gewesen, aber doch noch im Rahmen der Normalität; verglichen mit dem Ansinnen des Jesaja eine Kleinigkeit: Gott selbst sollte auf die Erde? Der Gott, dem die Menschen so oft schon untreu geworden waren, der Gott, den zu sehen nicht einmal Mose vergönnt war! Das war entweder völlig verrückt oder wirklich zum Lachen!

Die Versammlung, sonst nicht immer einig, diesmal war sie es: „Gott auf die Erde, unmöglich, bei allem Verständnis für die Menschen, aber das ging zu weit, eine verrückte Idee!"

Wieder ergriff Gott das Wort, und wieder verstummten augenblicklich alle: „Jesaja hat recht, was er bittet, ist schon von Ewigkeit her mein Plan. Ich werde es tun, ich werde auf die Erde hinuntersteigen und bei ihnen, meinen geliebten Menschen, sein und wohnen! Sie werden mich mit noch viel mehr Recht Emmanuel nennen, den Gott, der bei ihnen ist und genau das will Ich ja auch sein: Gott bei ihnen, ihr Gott, der unter ihnen wohnt!"

Zuerst verschlug es allen die Rede, niemand wagte etwas zu sagen angesichts dessen, was sie gerade gehört hatten! Aber dann, dann brach Jubel aus, weil zuerst die führenden Engel, dann nach und nach alle, auch die Menschen, verstanden hatten: Gott will wirklich hinabsteigen und allen war blitzartig klar: Gott wollte dies aus Liebe zu Seinen Geschöpfen tun, einen anderen Grund konnte es nicht geben, war unvorstellbar, obwohl einige im Stillen dachten: „Gott übertreibt, so weit müsste Er wirklich nicht gehen!" Aber zu sagen trauten sie sich das natürlich nicht, vor allem als sie sahen, wie Gott zu ihnen herübersah und lächelte, weil Er natürlich wusste, was sie dachten!

„Also gut, das ist wunderbar", rief ein Erzengel, fügte dann aber hinzu: „Schön, aber wie soll Gott das tun, in welcher Gestalt?" Es dauerte nicht lange, da meldete sich ein kleiner Engel zu Wort: „Ich erinnere euch an schöne Geschöpfe, die Gott erschaffen hat! Gott könnte die Gestalt eines Löwen annehmen und sich „Aslan" nennen!" Aber dieser Vorschlag löste nur Verwunderung aus. C.S. Lewis' Chroniken von Narnia gab es ja noch nicht, sie hätten vor Christus auch noch nicht verstanden werden können! Gott lächelte gütig und sagte: „Du hast schon recht, der Löwe ist ein schönes Tier, aber für Gott wäre es unpassend, als Löwe zu den Menschen zu kommen, vor Löwen haben sie alle Angst! Und denkt doch daran, wie viele Religionen Gott mit Tieren verwechseln oder den Menschen einreden, sie müssten vor Mir, ihrem Schöpfer, vor allem Angst haben! Und außerdem verwechseln viele mich ohnehin mit dem einen oder anderen meiner Geschöpfe, oder noch unsinniger, machen sich selbst Gegenstände wie das „goldene Kalb“, die sie dann als „Gott“ verehren! Nein, lieb gemeint, aber die Idee mit dem Löwen passt wirklich nicht!“ Also wie dann? Da meldete sich ein anderer Engel und meinte: „Wie wäre es in der Gestalt eines neuen Goliath? Groß, stark, weithin sichtbar, eigentlich stärker als jeder andere Mensch? Natürlich ohne David mit seiner Steinschleuder!“ Einige schüttelten sofort den Kopf: „Wie Goliath? Der war nicht nur stark, er war auch böse, das geht schon gar nicht, Gott kann nicht die Gestalt eines bösen Menschen annehmen.“ Das leuchtete ein, die Idee war sofort wieder vom Tisch, aber da kam auch schon ein neuer Vorschlag: „Wie wäre es mit dem Sieger über Goliath, mit König David oder einem anderen großen Herrscher wie Kaiser Augustus: Gott kommt groß, bewundernswert und unübersehbar? Natürlich, alle ihre Vorzüge müssten wunderbar gesteigert sein, wie es eben nur für unseren Gott möglich ist!“ Damit schienen sich die Vorschläge erschöpft zu haben, alle schwiegen, und wieder entstand eine gewisse Spannung: Was würde wohl Gott jetzt sagen, welche Gestalt würde Er annehmen wollen, wie würde Er „auf die Erde hinabsteigen“ können?

Gott schwieg, als würde Er selbst noch nachdenken müssen, dann aber sagte Er in die erwartungsvolle, angespannte Stille hinein: „Ich gehe zu den Menschen in einer

Art und Weise, dass sie keine Angst vor mir haben können, weder als Löwe, noch als Goliath oder König, aber auch nicht, wie Jesaja meinte, als Außerirdischer, vor dem die Berge zittern! Nein das alles nicht, sondern ganz, ganz anders: Ich steige vielmehr durch den Schoß einer Frau hindurch auf die Erde hinab! Ich werde einer von ihnen, ich mische mich unter sie als Kind, geboren von der, die ich dazu erwählt habe! So werde ich bei ihnen sein als einer der Ihren und sie werden keine Angst vor mir haben!" Die Bewohner des Himmels waren sprachlos und wussten wirklich nicht mehr, was sie sagen sollten. Aber dann, dann begriffen sie die Größe, die Kühnheit, die Einzigartigkeit dieser „Idee Gottes" und nicht enden wollender Jubel brach aus. Dass Gott die Menschen liebte, das wussten sie alle längst, aber dass Er sie so liebte, dass Er in Seinem Sohn sich selbst auf Erden schicken würde, das hätten sie sich nicht erwartet, hätten sie sich in ihren kühnsten Träumen nicht vorstellen können, das war einfach zu viel! Und die Freude wollte kein Ende nehmen! Zuerst die höheren Engel, dann auch die anderen: „Gott will auf die Erde gehen, großartig", riefen sie! Allerdings, wie es Gott auf Erden ergehen würde, das wussten sie noch nicht. Von dem, was dann geschah, sein Auftreten, seine Wunder, seine Reden und seine Streitgespräche bis hin zu Kreuz und Auferstehung – von all dem hatten sie noch keine Ahnung!

Vor allem: Bis heute wissen auch sie nicht, wie das Ende sein wird. So warten sie gespannt, aber auch geduldig darauf, dass und wie Jesus wiederkommen wird, anders als damals, in „Macht und Herrlichkeit!" Da geht es ihnen so wie uns! Sie wissen nur: Gott ist für alle möglichen Überraschungen gut! Himmlisches Jerusalem, neue Erde, Erlösung auch der Schöpfung? Wir werden ja sehen, es wird sicher wunderbar sein. Sicher ist nur: Gott wird unsere kühnsten Träume und auch die der Engel übertreffen – so wie damals, als Jesaja rief und Gott auf die Erde kam!

Viele Jahrhunderte später, als schon alles geschehen war, was Jesaja erbeten und Gott beschlossen hatte, schrieb die heilige Katarina von Siena immer noch staunend über die Menschwerdung Gottes:

„Gott, dein Geschöpf entflieht dir, und du machst dich auf die Suche nach ihm, es entfernt sich, du aber näherst dich ihm und näher konntest du ihm ja nicht kommen, als indem du Dich mit seiner Menschheit bekleidet hast! Was soll ich sagen? Gott, Du Narr der Liebe! Hast Du denn Dein Geschöpf nötig? So scheint es mir, denn Du tust, als könntest Du ohne es nicht leben und bist doch selbst das Leben! Warum bloß bist Du so vernarrt? Weil Du in Liebe zu Deinem Geschöpf erglüht bist, darum bis Du versessen auf sein Heil!“

... und es bewegt sich doch!

Ein Wiener Professor für darstellende Geometrie erhielt von einem Chirurgen den Auftrag, zu erforschen, wie die Sehnen im Knie verlaufen müssen, damit sich das Knie gut bewegt. Das Ergebnis seiner Berechnungen erzählte er folgendermaßen: „Eigentlich dürfte sich das Knie nicht bewegen können, sagen meine Berechnungen! Aber es bewegt sich doch wegen einer kleinen Abweichung! Es war für mich ein Gottesbeweis zu entdecken: Meine Berechnungen stimmen, es schien unmöglich, aber das Knie bewegt sich doch! Warum ist das so?“ Das Knie, das sich doch bewegt, ist für mich eine Bestätigung des Glaubens an den Schöpfer und Seine Weisheit!

Ähnlich erging es einem Forscher-Ehepaar, beide waren atheistisch erzogen worden. Aber irgendwann begannen sie die Funktionen und dann die Konstruktion der menschlichen Hand zu studieren. Vor allem der Daumen brachte sie zum Staunen: Da musste es doch jemanden geben, der den Daumen erfunden und gemacht hatte? Die Antwort, die sie aus dem Studium des Daumes ableiteten, lautete: Das kann nur Gott gewesen sein! Und sie dachten und entdeckten weiter: Nicht nur der Daumen, die ganze Schöpfung bezeugt: Gott existiert! Wer sehen will, sieht das!

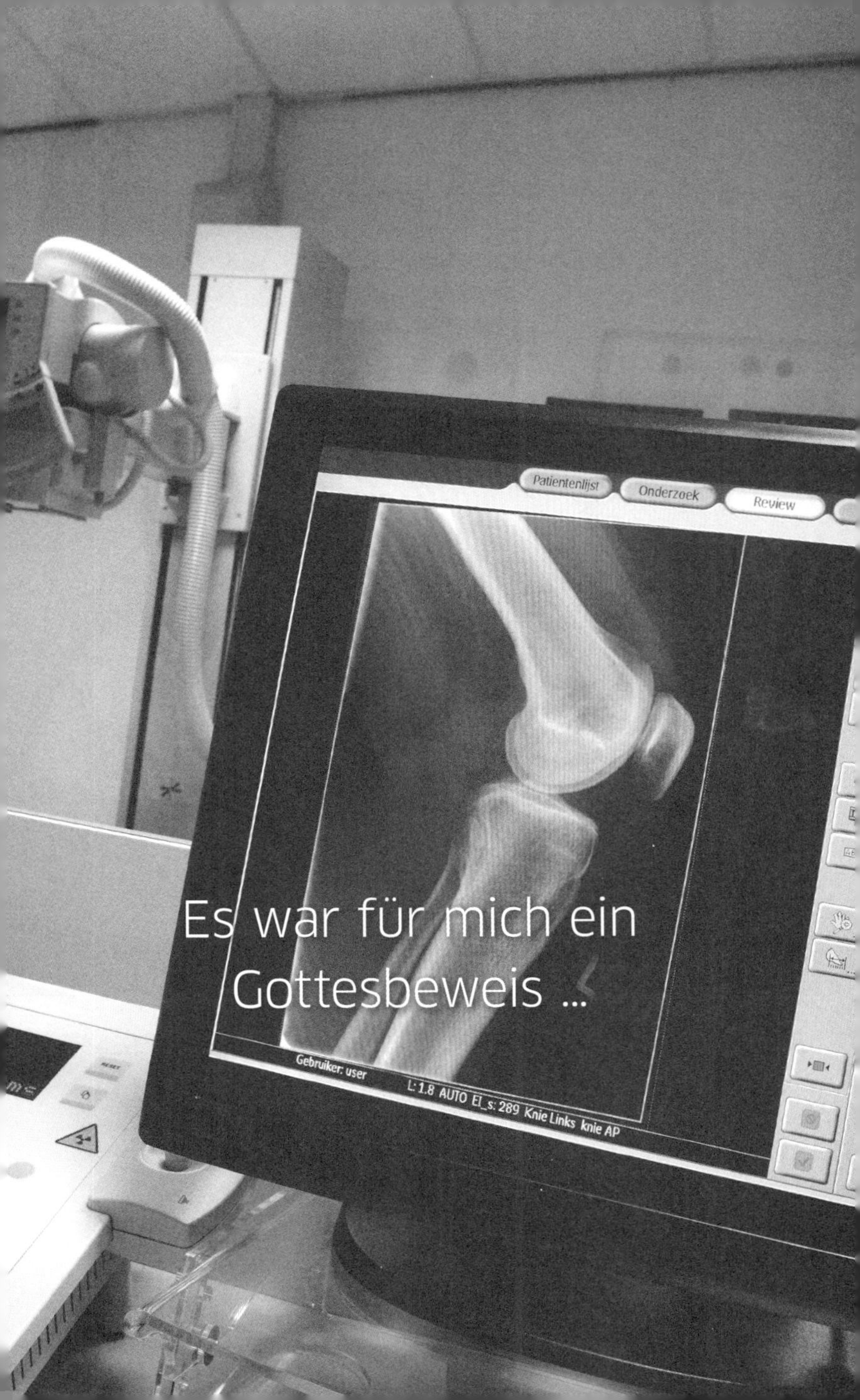

Es war für mich ein Gottesbeweis ...

Der „beste Gott“?

Das Märchen vom Konzil der Religionen

Gott ist Liebe! Nach langem Bedenken hatte sich der Papst – welcher war es nur, Johannes Paul II., Benedikt XVI. oder Franziskus, man weiß es nicht mehr genau – entschlossen, diese Botschaft der Welt zuzurufen. Die Medien berichteten darüber, aber sehr bald kehrte die Welt wieder zu ihrer Tagesordnung zurück, sprach wieder über einen „Problem-Bären“, der in Europa Unruhe erzeugte, wahnwitzige Atomprogramme, von irgendeinem Diktator vorangetrieben, von einem Tennisstar und einer neuen Schönheitskönigin – alles offenbar wichtiger als der Papst mit seinem: „Gott ist Liebe!“ Die Botschaft schien sogar in Rom nicht mehr ganz so gegenwärtig gewesen zu sein, als etwas Unerwartetes, in der Kirchengeschichte noch nie Dagewesenes geschah:

Der Papst lud die obersten Vertreter möglichst aller anderen Religionen zu einem „Konzil“ ein. Papst Johannes Paul II. hatte dies ganz ähnlich getan, indem er sie nach Assisi zum Gebet eingeladen hatte. Aber jetzt wollte der Papst, so stand es in dem Einladungs-Schreiben, zwar auch beten, aber vor allem mit ihnen über Gott sprechen. Nichts Besonderes für Menschen der Religion? Richtig, aber das Besondere dabei war: Es sollte nicht gestritten werden darüber, welche Religion „die Richtige“ sei. Thema der Gespräche sollte nur eine andere Frage sein, nämlich: Der Vertreter jeder Religion sollte erzählen, wie Gott nach der Lehre und den Schriften seiner Religion sei, wie sich ihre Anhänger Gott vorstellten! Und dann sollte nur darüber geredet werden, wie sich die Menschen Gott wünschen würden, wenn sie sich „Gott wählen“ könnten nach ihren Wünschen! Oder anders gefragt: Welcher Gott wäre „der Beste“: der Gott der Juden, der Christen, der Muslime – oder der Gott einer anderen Religion?

Es sollte sein wie das Gespräch von Menschen, die auf einen hohen Herrn warten, von dem ihr Schicksal abhängt. Aber die Leute kennen ihn noch nicht, sie wissen nicht, wie sie ihn einschätzen sollen und sie haben Angst: Wie wird er wohl wirklich sein, der hohe Herr? Nur gerecht oder auch gütig? Vielleicht uninteressiert am Schicksal des Einzelnen? Gibt es „Reizthemen“ bei ihm, die man tunlichst nicht ansprechen sollte? Oder neigt er zu Jähzorn und willkürlichen Entscheidungen? Wie ist er wirklich, wer kann etwas über ihn sagen, was er wirklich weiß oder zu wissen glaubt?

So, aus dieser Perspektive, schrieb der Papst, sollten wir – die Vertreter der großen Weltreligionen, aber auch der kleinen Gemeinschaften – über Gott reden und uns gegenseitig erzählen, was wir von Gott denken und welche Erfahrungen wir mit Ihm gemacht zu haben glauben. Und er fügte hinzu: „Das Ergebnis könnte sein, dass wir einig sind, welchen Gott wir uns wünschen würden. Natürlich wissen wir alle, dass Gott existiert oder nicht existiert, dass Er ist, wie Er ist, nicht, wie wir Ihn uns wünschen. Ein bloß erfundener Gott, ein Gott, den wir Menschen uns, wie L. Feuerbach meinte, „nach unserem Ebenbild gemacht" hätten, wäre wertlos und nichts anderes als Opium für uns alle, der gewaltigste Betrug, den man sich denken kann. Und doch, im Anschluss an diese „Wahl des besten Gottes", so der Papst weiter, könnten wir Seine Vertreter, also die Führer jener Religion, die diesen „besten Gott" immer schon verkündet haben, bitten, uns die Gründe zu nennen, warum sie annehmen, dieser „ihr" Gott nicht nur der „beste" sei, sondern auch der wirklich wahre Gott! Dabei verhielten wir uns wie Menschen, die einen Schatz suchen und dort zu graben beginnen, wo sie sich die größten Hoffnungen ausrechnen, ihn wirklich zu finden.

Die Geladenen kamen tatsächlich! Der Papst hatte sie auf eine Insel eingeladen, auf neutralen Boden also. Alle versprachen, nicht nur ihre Kommunikation nach außen auf ein notwendiges Mindestmaß einzuschränken, sondern, was noch viel wichtiger war, sich von bitteren Erinnerungen an so manches, was in der Geschichte zwischen ihnen und gegeneinander geschehen war, zu befreien, so gut es gehen mochte: Kriege der Religionen? Ja, es gab sie, aber heute wollen wir nur noch Ausschau halten, wie wir den Geist, der sie hervorgebracht hatte, endgültig bannen können. Das gemeinsame Ziel sollte durch niemanden und nichts gestört werden: Zu lauschen auf die Erzählungen über Gott, wie sie in den Religionen seit Jahrhunderten von Generation zu Generation überliefert sind und am Ende nur zu urteilen, welche Geschichte die schönste sei. Alles Weitere sollte sich daraus ergeben.

Nach einer herzlichen Begrüßung nahmen alle ihre Plätze ein.

Eine Einführung hatte das Leitungsteam der Versammlung einem Philosophen zugestanden. Dieser gab einen kurzen Überblick über die Gottesfrage in der Philosophie, erörterte die sogenannten Gottesbeweise und zog daraus einige Folgerungen für einen rational vertretbaren Gottesbegriff. Allerdings, meinte er, man müsse auch jene Philosophen „ernst nehmen“, die Gott für eine menschliche Erfindung hielten. Was dieses „Ernst nehmen“ bedeute, sagte er zwar nicht, wohl aber verwies er auf den „Tod Gottes“ im Denken von F. Nietzsche, auf die großen Diktatoren Hitler und Stalin, die die Religion überhaupt ausrotten wollten, und auf die modernen Laizisten in Europa, die den Gottesglauben geradezu für einen „Wahnsinn“ (R. Dawkins) halten, vor dem man die Menschheit bewahren oder befreien sollte.

Nach einem höflichen Applaus sprachen die Vertreter der nicht-christlichen Religionen einer nach dem anderen:

Der Buddhist entschuldigte sich gleich von Beginn weg dafür, dass er nicht zum Thema sprechen könne, weil seine „Religion“ dem Menschen zwar Ratschläge mit auf den Weg „der Erleuchtung“ gebe und ihm als Ziel seines Lebens das „Nichts“ nennen könne, aber über Gott hätte er eigentlich nichts zu sagen, weil es einen solchen nach buddhistischer Lehre gar nicht gäbe. Dennoch, beteuerte er, sei es auch ihm und seiner Gemeinschaft eine Ehre, eingeladen worden zu sein und dabei sein zu dürfen. Im Übrigen wolle er gerne zuhören, was andere über „Gott“ zu sagen wüssten.

Ein Indianer aus dem brasilianischen Urwald sprach von Gott als dem Schöpfer und Richter, dann aber vor allem von der Bedeutung der Ahnen und seiner Angst vor Geistern. Ähnlich redete ein Afrikaner, auch er aus einem Urwald-Gebiet kommend.

Danach kam ein Hindu zu Wort. Er sprach zuerst über die Schwierigkeit, wie er angesichts der Vielzahl der hinduistischen Götterwelt von „einem Gott" sprechen solle. Ein kleines Schmunzeln und Kopfschütteln löste er aus, als er von einem indischen Affengott und einem Elefantengott sprach. Er tat sein Bestes, aber was Hindus nun wirklich über Gott denken, wollte nicht recht klar werden. Das hinderte die Versammlung nicht, auch ihm aufmerksam zuzuhören.

Die Spannung stieg, als ein muslimischer Imam das Mikrophon ergriff und von „Allah" zu reden begann: Zuerst betonte er, dass Gott ein „Einziger" sei, allmächtig, gerecht und barmherzig. Mit einem Koran-Zitat belegte er seine Worte. Gott, sagte er, sitze im Himmel, Er schaue auf die Menschen und das, was sie tun. Nach dem Tod würde sich Gott vor allem als Richter erweisen, der die Guten mit vielen Freuden im Himmel belohne, die Bösen und Ungläubigen aber mit dem Feuer der Hölle bestrafen würde. Davon zu sprechen, schien dem Imam unangenehm zu sein und so fügte er ein: „Ihr alle anderen, auch ihr Juden und Christen, es tut mir leid für euch, aber in unseren Augen seid ihr Ungläubige! Ich kann nur hoffen, dass ihr euch bald zu Mohammed bekehrt und dadurch auch in den Himmel kommen könnt! Vielleicht kann ich euch ja heute überzeugen, wer weiß?"

Ein kleines Raunen ging durch die Menge, als er über den heiligen Krieg sprach und erzählte, was Muslime über Christen und Juden denken! Aber bald verstummte es wieder, offenbar waren alle bemüht, den jeweils Andersgläubigen nicht zu beleidigen! So lauschten die Anwesenden

den Ausführungen des Moslems weiter mit wohlwollender Aufmerksamkeit.

Danach trat Rabbi Josef ans Rednerpult. „Wir Juden", begann er seinen Vortrag, philosophieren nicht über Gott. Alles, was wir von Gott sagen können, entstammt nicht unserem Denken, sondern unseren Erfahrungen, die wir mit Gott im Laufe von Jahrtausenden gemacht haben. Wir fragen nicht: „Gibt es Gott?", sondern „Ist der Herr in unserer Mitte oder ist er es nicht?" So steht es in unserer Bibel (Ex 17,7). Wenn ich also von Gott, dem Heiligen Israels, sprechen soll, kann ich nicht anders, als euch eine wunderbare, lange Geschichte zu erzählen. Und er begann zu erzählen: Nachdem Gott die Welt und auch den Menschen erschaffen hatte, geschah ein großes Unglück. Die ersten Menschen wollten Gott um jeden Preis gleich werden. Sie wurden Gott ungehorsam, aber sie zahlten dafür einen hohen Preis: Sie verloren die Freundschaft Gottes, sie verloren das Paradies, der Tod kam in die Welt. Allerdings, sogar in diesem Jammer gab es eine Hoffnung: Gott machte Andeutungen, dass Er uns nicht ganz aufgegeben hatte, aber wie das genau zu verstehen wäre, wussten wir damals nicht und wissen es auch heute noch nicht so recht! Was uns aber blieb, war vor allem die Sehnsucht nach Gott. Unser Bemühen, Gott wieder zu finden, war fruchtlos. Aber da begann eine neue, unerwartete Geschichte: Gott selbst trat aus seiner Verborgenheit heraus. Im hier möglichen Rahmen kann ich euch nur skizzenhaft, nur in groben Zügen erzählen, wie es weiterging: Gott ging einen Bund mit uns Menschen ein, den wir allerdings immer wieder brachen, während Er ihn dann immer wieder erneuerte und dabei sogar enger und schöner machte! Viele berührende Einzelheiten müsste ich euch erzählen: von dem Regenbogen, dem ersten Bundeszeichen mit Gott, davon, wie unser Volk von den Ägyptern in der Zeit einer großen Hungersnot aufgenommen und so gerettet wurde, dann aber, als ein neuer Pharao kam, ausgerottet werden sollte und wie dann Gott uns durch das rote Meer hindurch rettete. Ich müsste erzählen von dem brennenden Dornbusch, in dem Gott sich selbst offenbarte, von den Geboten, die Gott uns am Berg Sinai gab, und davon, wie Gott uns führte, beschützte, rettete, irgendwie bis heute! Dafür ist hier nicht genug Zeit. Ich will nur das noch sagen:

Zu unserer Geschichte mit Gott gehört noch: Gott versprach durch seine Propheten, also Seine „Pressesprecher", würde man heute sagen, einen Gesandten, der einen nochmals neuen, endgültigen Bund begründen und überhaupt die Lösung für die Welt bringen würde. Wie das genau zu verstehen ist, blieb unklar, und wir Juden, wir warten noch heute auf den, der da kommen soll. Die Christen glauben zwar, dieser Gottes-Gesandte sei Jesus gewesen, aber wir Juden glauben das nicht, wir warten noch und wir wissen nicht, wie lange es dauern wird!" Der Rabbi seufzte tief, dann aber sagte er: „Hier endet unsere Geschichte mit Gott – vorläufig. Seit langem ist nichts Neues geschehen, aber wir warten weiter. Irgendwann wird der Messias kommen, Gott ist treu. Wir lieben ihn und wir sehnen uns nach der Erfüllung seiner Verheißungen." Der Rabbi wischte eine Träne ab, lächelte in die TV-Kamera und ging zu seinem Platz.

Einer der Organisatoren sagte eine Pause an. Die Anwesenden strömten hinaus. Vor allem die Rede des Rabbis hatte einen tiefen Eindruck hinterlassen und regte offenbar zu intensiven Gesprächen an.

Alle hatten gesprochen, es fehlten nur noch die Christen und allen war klar, dass es der Gastgeber, der Papst der r. k. Kirche, sein werde, der den Gott der Christen beschreiben würde. Schon im Vorfeld der Konferenz hatten sich die Christen nämlich darauf geeinigt, dass er ihr Sprecher sein sollte. Als der Papst tatsächlich zum Rednerpult schritt, wurde es ganz still, tiefer Friede und Erwartung erfüllten den Raum. Der Blick des Papstes suchte zunächst noch seinen Vorredner, dann begann er zu sprechen:

„Mein lieber Bruder Rabbi Josef hat mir aus dem Herzen gesprochen. Seine Geschichte ist auch unsere Geschichte, wir Christen glauben, dass Gott wirklich zu den Juden gesprochen hat, sie wirklich begleitet und mit ihnen diesen wunderbaren Bund geschlossen hat, von dem Rabbi Josef uns erzählt hat. Er hat uns zum Schluss gesagt, seine Geschichte sei vorläufig zu Ende, jetzt bestünde sie nur noch im Warten auf den Messias. Er weiß natürlich, was ich jetzt sagen werde und wird mir es nicht verübeln:

Wir Christen sind nämlich überzeugt zu wissen, wie diese fantastische Geschichte Gottes weitergegangen ist: Gott hat seinen Bund mit uns Menschen nicht nur nicht gebrochen, er hat ihn in einer Weise vollendet, die sich niemand hätte vorstellen können. Sie erinnern sich," sprach der Papst seine Zuhörer direkt an, um ihre höchste Aufmerksamkeit zu erlangen, „wie Gott sich die Juden als sein Volk erwählte, wie er bei ihnen war und seinen Bund mit ihnen schloss und wie Er sich offenbarte als Gott, der bei Seinem Volk ist, hebräisch ‚Emmanuel', Gott mit uns! Man könnte sogar sagen: Dieser Gottes-Namen fasst alles zusammen, was Juden und Christen über Gott zu sagen wissen: Gott ist nicht weit weg, hoch über den Wolken, nur ein kühler Beobachter und Aufpasser, ob wir nicht sündigen.

Nein, dieser Gott ist bei uns, er wohnt bei uns. Er leidet an unseren Sünden, aber zugleich schafft er immer wieder Gerechtigkeit und gibt uns Gelegenheit umzukehren, zu Ihm, unserem Vater, wie Er sich von uns nennen lässt. Und wenn ich jetzt von ‚uns' gesprochen habe, meinte ich uns beide, die Juden und die Christen, weil wir uns in diesem Wissen von Gott nicht unterscheiden!

Jetzt aber muss ich einen Schritt weitergehen: Unser Freund Rabbi Josef hat uns von dem Messias erzählt, den Gott zu senden versprochen hat und auf den die Juden immer noch warten. Er hat hinzugefügt, dass wir Christen glauben, Er sei schon gekommen. Ja, das ist wahr, das glauben wir Christen, und wir denken dabei an Jesus Christus!"

Der Papst schwieg einen Augenblick, dann erhob er seine Stimme und man spürte seine Erregung: „Dieser Messias ist gekommen. Und er hat unsere kühnsten Erwartungen übertroffen. Der, der kam, war nämlich nicht nur ein großer Prophet, er war Gottes Sohn, wahrer Gott und wahrer Mensch." Und mit einem Blick auf den Rabbiner fügte er hinzu: „Ich verstehe unsere jüdischen Brüder und Schwestern, dass sie das nicht leicht glauben können, aber ich möchte doch eines einfügen: Wenn uns Rabbi Josef geradezu als Kernpunkt des jüdischen Gottesglaubens genannt hat, dass Gott der Gott ist, der ‚bei uns' ist, und wenn man sich an den Ruf des Jesaja erinnert: ‚Steig herab, reiß den Himmel auf', dann darf ich sagen: Der Glaube der Christen geht über den jüdischen Glauben nur noch einen Schritt hinaus, weil er Gott eine noch größere Nähe zu den Menschen zuschreibt, eine noch intensivere Art des ‚Bei den Menschen sein'! Man könnte sagen: Er widerspricht dem jüdischen Glauben nicht, sondern führt ihn weiter, indem er sagt:

Gott ist nicht nur durch seine Macht, seine Gnade, seine Sorge bei uns Menschen, sondern, wie unser heiliges Buch es sagt, Gott ist ‚Fleisch geworden und hat unter uns gewohnt'!

Wenn ich das so sage, will ich nicht Unterschiede zwischen Juden und Christen klein und weg reden, ich will aber die große Gemeinsamkeit hervorheben, die es möglich macht zu sagen: Wir sind im Grund nicht zwei, sondern eine Religion und gehören zusammen. Dass es dennoch zwischen Juden und Christen viel Streit und Mord gegeben hat, ist unendlich traurig und absurd! Heute haben wir gut begründete Hoffnung, dass diese leidvolle Geschichte sich nie mehr wiederholen kann und wird! Aber darüber kann ich jetzt nicht weiter reden, besser einmal unter vier Augen mit Rabbi Josef!"

Dann aber fuhr der Papst fort und überraschte damit die Versammlung: „Ich freue mich, dass auch die Muslime Jesus wenigstens als Prophet verehren, ähnlich übrigens auch andere große Gestalten schon aus der jüdisch-christlichen Geschichte wie Abraham und Maria, auch wenn sie über diese anderes erzählen, als wir es tun.

Aber die Christen sind überzeugt: Jesus ist weit mehr als ein besonderer Prophet! Jesus war und ist für alle Ewigkeit der Sohn Gottes!" Der Papst machte eine Pause und das war auch gut so. Denn bei dem Wort „Sohn Gottes" erhob sich ein Gelächter einerseits, aber andererseits waren auch Protestrufe bis zur Grenze der Unhöflichkeit zu vernehmen! Der Papst blieb ruhig, antwortete dann aber mit aller Entschiedenheit: „Ich verstehe jeden, der diese Botschaft für verrückt und mindestens für unglaublich hält! Glaubt mir, das geht eigentlich jedem so, der die Botschaft der Kirche zum ersten Mal hört und es gab auch Augenblicke, in denen die Apostel, die Begleiter und Schüler Jesu, ziemlich ähnlich reagierten!

Doch ich kann nicht anders, als hinzuzufügen: Genau das ist es, was Gott uns Christen aufgetragen hat zu verkünden: Gott ist nicht nur bei seinem Volk geblieben, hat nicht nur einen Bund mit uns Menschen geschlossen, uns gerettet, Wunder gewirkt und die Sünden vergeben. Über all dies hinaus hat Gott einen Schritt getan, den niemand ‚so' erwarten konnte: Er ist einer von uns geworden, Er hat ‚unter uns gewohnt' (Jes 1,14) und einige Jahre wortwörtlich mit den Menschen auf der Erde ein ganz und gar menschliches Leben gelebt. Dazu kommt: Bei diesem Kommen in unsere Menschenwelt hat Jesus Christus nicht einmal das Leiden ausgespart, im Gegenteil, Er hat es für die Menschen aller Zeiten und Völker auf sich genommen, Er ist dabei wirklich gestorben und nicht nur zum Schein. Und dann kam das ganz Unerwartete: Er ist auferstanden, ein Wort, das auch seine engsten Freunde am Anfang nicht verstanden und dann, als es geschehen war, nicht und nicht glauben wollten! Erst die Wirklichkeit hat sie überzeugt! Denn wenn Ihn die Apostel und andere Leute nicht gesehen hätten, hätte das natürlich niemand geglaubt!

Aber die wichtigste Frage ist: Warum tat Gott das alles? Wir Christen wissen darauf nur eine Antwort: Weil Gott uns liebt und ewiges Leben schenken wird. Und zu dieser Liebe gehört vor allem: Gott sehnt sich geradezu danach, uns alle, auch die schlimmsten Sünden zu vergeben, wenn wir nur bereit sind sie zu bereuen. Unglaublich, wenn man denkt, wieviel Böses Menschen nicht schon getan haben!"

Unter den Zuhörern breitete sich wieder Unruhe aus. Der Papst hob beschwörend die Hände und rief: „Bitte, bitte habt Geduld. Ich bin noch nicht ganz fertig. Vor allem möchte ich Euch allen sagen: Das, was ich euch erzählt habe, ist Gottes Werk, nicht Werk oder gar Verdienst der Christen. Wir halten uns keineswegs für überlegen. Wir wissen nicht, warum Gott zuerst die Juden ausgesucht und dann uns alle dazu genommen hat, um das Geheimnis seiner Liebe, ‚das von Ewigkeit her verborgen war', bekannt zu machen. Wir beanspruchen keineswegs, überlegen zu sein. Vielleicht hätten viele von euch den Auftrag besser erfüllt – wer weiß? Aber seht, das ist ja ganz gleichgültig, das allein Wichtige ist, ob Gott wirklich in unsere Menschengeschichte hineingestiegen ist, wie ihr es zuerst von Rabbi Josef und dann von uns gehört habt. Beachtet wohl: Wir Juden und Christen reden nicht so sehr über die Eigenschaften Gottes, sondern wir haben eine Geschichte mit Ihm erlebt und durch dieses Leben mit ihm haben wir erkannt: Gott ist die Liebe."

Der Papst schwieg einen Augenblick. Auf den großen Bildschirmen konnte man sehen, wie tief bewegt er war. Er fuhr fort: „Ich bitte Euch ein letztes Mal um Geduld. Denn meine Gottesgeschichte ist noch immer nicht ganz zu Ende. Denn Gott hat nicht nur ‚unter uns gewohnt' – und zwar gerne gewohnt! – sondern er hat noch etwas gemacht: Noch vor seinem Tod hat er das jüdische Pascha-Fest, mit dem die Juden die Befreiung aus der Sklaverei feiern, umgeformt zu einem neuen Fest, Seinem Fest: dem Fest ‚Befreiung aus der Gottesferne'. Mit diesem Fest feiern wir Christen den ‚neuen und ewigen Bund' mit Gott. Wir Christen vereinen uns dabei mit Jesus, wollen uns von Ihm verändern lassen im Sinne Gottes und warten dabei darauf, dass Er wiederkommt! Ihr merkt, da gibt es wieder eine Ähnlichkeit mit den Juden: Sie warten auf den Messias, dass er kommen möge, wir Christen, dass Er wiederkommt!

Ihr werdet mich fragen: ‚Was ist nach dem Tod mit uns Menschen? Ist der Tod das Ende eurer Geschichte mit Gott?‘ ‚Nein‘, antworte ich, ‚nicht Ende, sondern Anfang.‘ Denn seht, Gott wird uns nicht nur mit irgendetwas belohnen, nicht mit gutem Essen oder sonst einem der irdischen Genüsse, sondern er selbst wird unsere Freude sein, nicht mehr verborgen wie auf dieser Erde, sondern von ‚Angesicht zu Angesicht‘ mit ihm. Ihr merkt, das Ende unserer Liebesgeschichte mit Gott ist kein Ende, sondern ein ewiger Anfang, Glück der Liebe, Glück des Geliebtwerdens, Leben in Fülle und ohne Ende.

Ich weiß, das alles ist nicht so leicht zu verstehen. Aber wichtig ist mir jetzt eigentlich nur, dass ihr den ‚roten Faden‘ der jüdisch-christlichen Gottesgeschichte erkennen könnt: Nach Jahrhunderten der Annäherung wurde Gott Mensch, er hat mitten unter uns gelebt und bleibt unter uns bis ans Ende der Geschichte. Und wenn ich euch schon all das gesagt habe, getraue ich mich, ein letztes Wort zu sagen, das viele von Euch erst recht als kühn und vielleicht überspannt empfinden werden, aber ich sage es dennoch: Wir Christen sprechen, getreu unserem hl. Buch der Bibel, in Bildern von unserer Beziehung zu Gott. Darum nennen wir Gott Vater, vergleichen ihn mit einem Hirten oder einer Mutter. Aber der unglaublichste Vergleich ist: Wie es uns die Bibel vorgibt, wagen wir es, unsere Gottesbeziehung mit der Liebe zwischen Mann und Frau zu vergleichen, mit Bräutigam und Braut, mit einer glücklichen, unauflöslichen Ehe!“

Das Gesicht des Papstes glühte, er war erregt und strahlte vor Begeisterung. Er schien vergessen zu haben, vor wem er sprach. Die Zuhörer spürten, dass er sein Innerstes vor

… wagen wir es, unsere Gottesbeziehung mit der Liebe zwischen Mann und Frau zu vergleichen …

ihnen ausgebreitet hatte und schwiegen bewegt. Für einige Minuten war es ganz still. Aber dann hörte man ein verhaltenes Schluchzen. Der Papst kam wieder ganz zu sich, rief einen seiner Leute zu sich und ließ den Mann, der da weinte, bitten, er möge vortreten und, wenn er es wolle, allen den Grund für seine Tränen mitteilen. „Gerne“, rief der so Geladene, eilte zum Mikrophon und sagte: „Wir wollten noch sprechen, wer von uns die schönste Geschichte über Gott erzählen könne? Ich für meinen Teil sage nur: Mein Gott, wie schön wäre es, wenn die Christen recht hätten und Gott so wäre und so gehandelt hätte, wie es zuerst Rabbi Josef und dann der Papst gesagt haben! Wie schön wäre das!“ Da geschah etwas, was niemand erwartet hätte: Es erhob sich tosender Applaus!

Die Sonne senkte sich als glühender Feuerball ins Meer, der Himmel verfärbte sich rasch in alle Farben und ein warmer Sommerabend kündigte sich an. Die Teilnehmer der Konferenz traten vor das Konferenzzentrum. In kleine Gruppen aufgelöst zerstreuten sie sich in die abendlich belebte Stadt, ließen sich da und dort in einem der vielen Restaurants der Altstadt nieder und vertieften sich in lebhafte Gespräche. Die überall herrschende Stimmung war Freude!

Gottes Wege sind anders!

In Tansania hatte eine deutsche Missionsschwester eine einheimische Gemeinschaft gegründet. Eines Tages fuhr sie, begleitet von zwei Schwestern, durch das Stammesgebiet eines kleinen, aber von allen umliegenden Landesbewohnern gefürchteten Volkes. Es galt, man sollte dort nicht hinein- und nicht durchfahren, vor allem nicht stehen bleiben, es wäre sehr gefährlich dies zu tun, die Menschen des wilden Stammes wären nicht nur äußerst primitiv, sondern auch unberechenbar. Man erzählte sich von Autofahrern, die stehen geblieben waren, aber dann ihr Auto ohne Reifen vorfanden, weil die Eingeborenen diese als willkommenes „Brennmaterial“ abmontiert hatten! Und viel Schlimmeres sei schon geschehen. All dieses wissend, wollte die Schwester zwar nicht stehen bleiben, aber aus irgendeinem Grund durchfahren. Nicht vorhersehbar war aber: Ausgerechnet in diesem Gebiet erlitt sie einen Schwächeanfall, musste aussteigen und ging einige Schritte von der Straße ab in den Wald. Kaum war sie einige Meter zwischen den Bäumen gegangen, sah sie sich umzingelt von unheimlichen Gestalten. „Was machen Sie da?“, wurde sie drohend gefragt! Zum Glück war einer der Männer auch ihrer Sprache mächtig und konnte übersetzen. Die Schwester daraufhin beherzt: „Ich gehe, um Menschen von dem wahren Gott zu erzählen!“ Die Männer waren verblüfft, mit einer solchen Antwort hatten sie wirklich nicht gerechnet. Sie berieten untereinander, dann gab der Dolmetscher das Ergebnis der Beratung an die Schwester weiter und dieses war mindestens ebenso erstaunlich wie das, was die Schwester gesagt hatte: „Unsere Vorfahren haben immer erzählt, dass einmal ein Mensch kommen wird, der uns von dem wahren Gott erzählen werde. Bist vielleicht du dieser Mensch?“ Die Schwester zögerte nicht: „Genau, dieser Mensch bin ich!“

Und das Ende der Geschichte? Die Schwester gründete bei diesen „Wilden“ ein kleines Kloster, die Schwestern lernten die ihnen noch fremde Sprache, heute kümmern sie sich vor allem um die Kinder, Frauen und Kranken.

Einige Jahre sind vergangen, jetzt gibt es keinen besonderen Grund mehr, sich vor diesen Menschen zu fürchten, heute sind schon fast die Hälfte der Mitglieder des einst so wilden Stammes katholisch!

Bischof Athanasius, der mir diese Geschichte erzählte, war erst kürzlich dort und feierte in der Kapelle des Klosters eine Hl. Messe. Was er erlebte, beschreibt er so: „Die bekehrten Einwohner empfingen ganz andächtig und mit großer Ehrfurcht kniend die Hl. Kommunion. Ich habe einen wahren kleinen Frühling der Kirche erlebt!“ Bei uns redet man oft von der „Verdunstung des Glaubens!“ Bei diesen „Wilden“ verdunstet er aber nicht, sondern blüht und wächst und wird noch weitere Früchte tragen!

Menschen

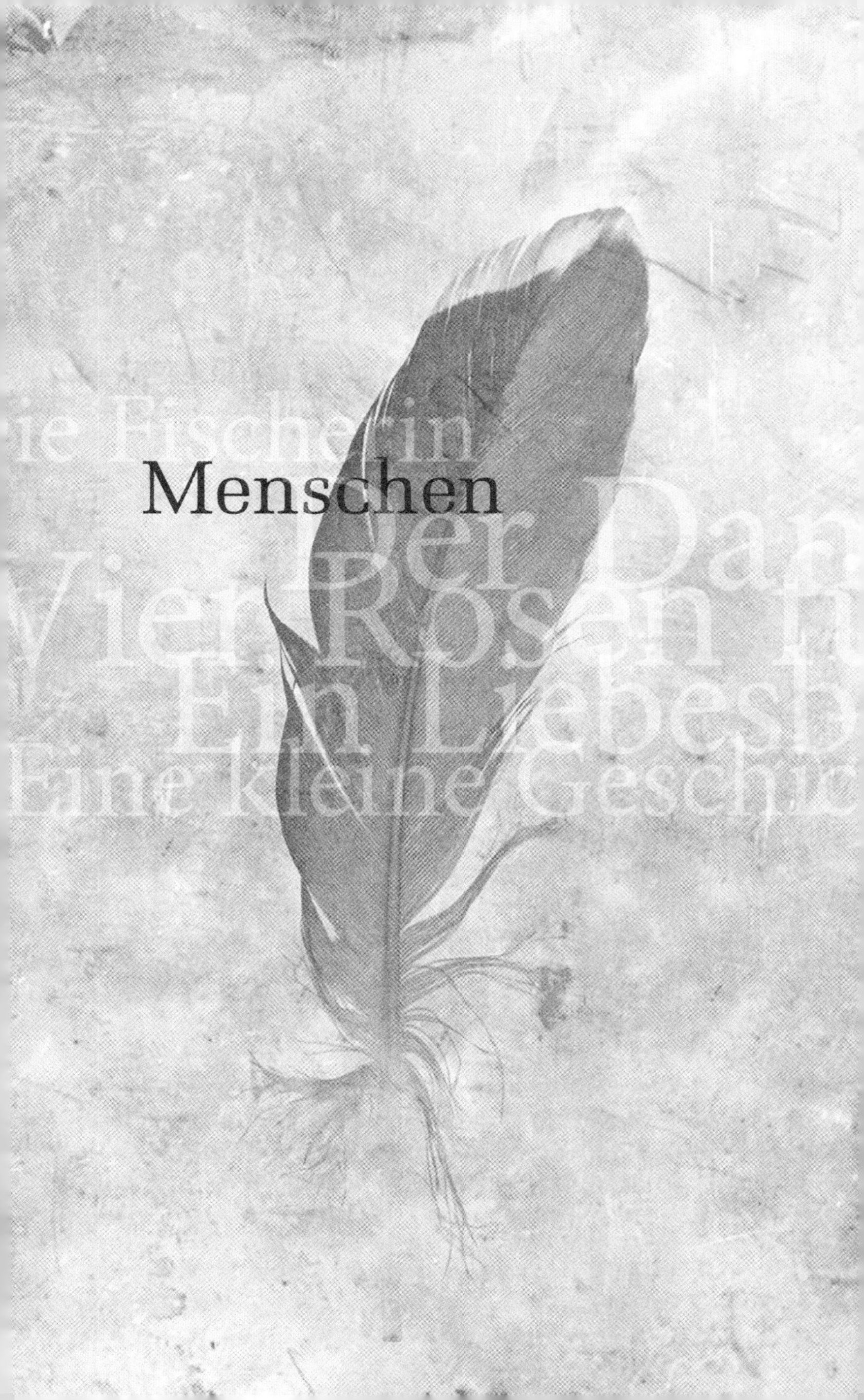

Liebe im Klosterkeller

erzählt von Pinchas Lapide,
von 1956 – 1958 israelischer Konsul in Mailand

Ich, Pinchas Lapide, war von 1956 – 1958 israelischer Konsul in Mailand, als Italien das 10jährige Jubiläum seiner Befreiung feierte. Eines Tages bekam ich einen Brief, unterschrieben von 27 Israelis ganz verschiedener Herkunft und Berufe, die eine gemeinsame Geschichte einte: Sie verbrachten 25 Monate ihres Lebens im Keller eines Franziskanerinnen-Klosters und verdankten dieser Tatsache ihr Überleben. Und nun, zehn Jahre später, wollten sie auf eigene Kosten zurückkehren, um den Nonnen einen Dankbesuch abzustatten. Sie schrieben mir, damit ich die Massenmedien alarmiere, mitkomme und dem ganzen Besuch einen offiziellen Charakter verleihe. Ich sagte selbstverständlich ja, und so fuhr eines Tages ein Konvoi hinunter in dieses Kloster und dort standen bereits 30 schwarz gekleidete Nonnen, in ihrer Mitte die Mutter Oberin, eine Dame von über 70 Jahren, die bereits schlecht sah, nicht gut hörte und von zwei Schwestern gestützt wurde. Es begannen die Dankesreden. Nachdem das zwei Stunden gedauert hatte, ging ich zur Oberin hin und sage: „Signora, entschuldigen Sie das Getöse, aber die Welt hat schlechte Nachrichten zu Genüge, die Menschen sollten auch einmal etwas Gutes hören. Daher müssen alle diese Menschen hier sein, die da fotografieren, Lärm machen und schreiben." Nach diesen meinen Worten sagte sie einen Satz, den ich nie vergessen werde: „Sagen Sie, Herr Konsul, seid ihr Kommunisten oder seid ihr Faschisten?" Das erste Mal in meinem Leben blieb ich die Antwort schuldig und sagte nur: „Signora, seit zwei Stunden reden wir von der Bergpredigt, von der Nächstenliebe, vom Heiligen Land, von Jerusalem und der Bibel und Sie stellen mir eine solche Frage?!" Die alte Dame wurde rot im Gesicht, stotterte und sagte: „Sie wissen, Herr Konsul, ich bin eine alte Frau. Sie müssen etwas Rücksicht nehmen. Aber in dem Keller dort unten, den wir Ihnen gezeigt haben, wo die Nonnen auch zwei Mal auf ihrem Hostienofen Matzen gebacken haben, damit die Juden im Keller nicht nur leben, sondern auch ein Pessach, ihr Ostern, feiern konnten, in demselben Keller, nur zweihundert Meter vom Gestapo-Büro entfernt, da haben wir 1942 Kommunisten versteckt, 1943–1945 Juden und 1946–1947 Faschisten. Jetzt bin ich ein bisschen durcheinander gekommen. Wer ihr auch seid, ich freue mich, dass ihr gekommen seid!"

Die Fischerin

Ich bin kein Apostel, aber ich fische", sagte eine Frau! Voraus ging ein Gespräch im Laufe dessen sie erzählte, wie begeistert sie über Papst Franziskus sei und dann über ihre Gespräche mit anderen Menschen: Man sprach vom neuen Papst und viele schienen begeistert zu sein. Aber auf Nachfrage hin mussten sie zugeben, sie wären vor Jahren schon aus der Kirche ausgetreten. Die „Fischerin" reagierte mit der Professionalität einer „Frau vom Fach": „Und jetzt, bei diesem Papst, bist du schon in die Kirche zurückgekehrt?" Bisher antwortete noch niemand mit einem klaren „Ja!", aber wer weiß, diese kleinen Dialoge werden bei manchen Menschen wirken wie ein Netz, in dem der Fisch ohne Schaden herausgeholt und in besseres Wasser gebracht werden kann. Nun, alle Vergleiche hinken und auch die Gleichnisse Jesu tun es, wenn er die Aposteln mit Fischern vergleicht: Der Fischer fischt für den „Fisch", der zuerst im Korb landet und dann in der Bratpfanne, die Kirche „fischt" als „Tierschützerin", zur Erhaltung der „Menschen-Arten" oder auch, um die Tiere in ein „fischgerechtes Wasser" zu bringen.

Eine andere „Fisch-Fangmethode“ meiner Fischerin geht so: Sie trifft eine Frau, die ihre Kirchenkritik am Zölibat festmachen will. Die Fischerin fragt: „Warum hat eigentlich der allseits bewunderte Dalai Lama und viele andere buddhistische Mönche keine Frau und niemand fragt ihn kritisch warum?“ Verlegen klang die Antwort: Darüber habe sie noch nie nachgedacht! Wer weiß, vielleicht wird sich die Frau bewusst werden, dass sie ihr eigentliches Problem mit Gott verschoben hat, hinein in die Frage nach dem Zölibat, obwohl dieser mit ihr und ihrer Gottesbeziehung eigentlich nichts zu tun hat.

Übrigens, die Fischerin ist keine geweihte Apostelin, aber ihre Art zu fischen ist nicht nur jedem Christen erlaubt, sondern seine heilige Pflicht und Sendung. Dass es in der Kirche „daneben“ auch noch geweihte, nur männliche Diakone, Priester und Bischöfe gibt hat Christus so verfügt, aber deren Aufgabe ist es, das allen aufgetragene Fischen nicht nur nicht zu hindern, sondern dankbar zu fördern und zu schützen. Das heißt: Unabhängig von Geschlecht oder Bildung soll jeder Christ, welche Stellung er auch haben mag, auf seine Weise und mit seinen Begabungen für Gottes Reich fischen! Dem Netz entspricht vor allem das eigene christliche Leben und das mutige sich Bekennen zu Christus. So schwer ist es nicht, jeder soll fischen und zwar ohne „Fischkarte“, die hat man schon mindestens mit der Taufe bekommen!

Der Vagabund Gottes

Bischof Athanasius erzählt von seiner Mutter Maria Schneider

Nach dem 2. Weltkrieg deportierte das stalinistische Regime viele Deutsche aus der Schwarzmeergegend und aus dem Wolgagebiet zur Zwangsarbeit in das Uralgebirge. Sie alle wurden in armseligen Hütten in einem Ghetto der Stadt interniert. Darunter waren mehrere tausend deutsche Katholiken. Oft begaben sich unter größter Geheimhaltung einige katholische Priester zu ihnen, um ihnen die Sakramente zu spenden. Sie taten dies und setzten dabei ihr Leben aufs Spiel. Unter diesen Priestern, die öfter kamen, war Pater Alexij Saritsky, ein ukrainischer, griechisch-katholischer Priester, der auch im lateinischen Ritus zelebrierte. Die Gläubigen nannten ihn liebevoll den „Vagabunden Gottes".

Im Januar 1958 kam Pater Alexij einmal heimlich aus seinem Exil in Karaganda/Kasachstan in die Stadt Krasnokamsk bei Perm im Ural. Pater Alexeij bemühte sich darum, so viele Gläubige wie möglich auf den Empfang der heiligen Kommunion vorzubereiten. Deshalb hörte er buchstäblich Tag und Nacht Beichte, ohne zu schlafen und zu essen. Die Gläubigen ermahnten ihn: „Herr Pater, sie müssen essen und schlafen!" Er aber antwortete: „Ich kann nicht, weil mich die Polizei von einem Augenblick zum anderen festnehmen kann und dann blieben viele Personen ohne Beichte und folglich ohne Kommunion." Als alle gebeichtet hatten, begann Pater Alexij die heilige Messe zu lesen. Plötzlich ertönte eine Stimme: „Die Polizei ist in der Nähe!" Meine Mutter Maria Schneider wohnte der heiligen Messe bei und sagte zum Priester: „Pater, ich kann Sie verstecken, fliehen wir!" Sie führte den Priester in ein Haus außerhalb des deutschen Ghettos und versteckte ihn in einem Zimmer, wohin sie auch etwas zu essen brachte. Dabei sagte sie: „Pater, jetzt können Sie endlich essen und ein wenig ausruhen und wenn die Nacht beginnt, fliehen wir in die nächste Stadt." Pater Alexij war traurig, weil alle gebeichtet hatten, aber die heilige Kommunion nicht hatten empfangen können, da die kaum begonnene heilige Messe unterbrochen worden war durch das plötzliche Auftauchen der Polizei. Maria Schneider sagte: „Pater, alle Gläubigen haben mit großem Glauben und großer Hingabe die geistige Kommunion empfangen und wir hoffen, dass Sie zurückkehren können, um uns dann die heilige Kommunion zu reichen".

Als der Abend kam, begann man die Flucht vorzubereiten. Maria Schneider ließ ihre beiden kleinen Kinder (einen kleinen Jungen von zwei Jahren und ein Mädchen von sechs Monaten) bei ihrer Mutter und rief Pulcheria Koch (die Tante ihres Gatten). Sie selbst war zu dieser Zeit in guter Hoffnung mit dem späteren Bischof Athanasius! Die zwei Frauen riefen Pater Alexij und flohen im Dunkel der Nacht zwölf Kilometer durch den Wald, im Schnee und bei einer Kälte von minus 30 Grad. Sie kamen zu einem kleinen Bahnhof, kauften die Fahrkarte für Pater Alexij und setzten sich in den Wartesaal, weil sie noch eine Stunde auf die Ankunft des Zuges warten mussten. Plötzlich öffnete sich die Tür und ein Polizist trat ein. Er ging direkt auf Pater Alexeij zu und fragte ihn: „Und Sie, wohin fahren Sie?“ Der Pater war vor Schreck nicht fähig zu antworten. Er fürchtete nicht um sein eigenes Leben, sondern um das Leben und das Schicksal der jungen Mutter Maria Schneider. Die junge Frau jedoch antwortete dem Polizisten: „Dies ist unser Freund und wir begleiten ihn. Hier ist seine Fahrkarte“, und sie zeigte dem Polizisten die Fahrkarte. Als dieser die Fahrkarte sah, sagte er zum Priester: „Steigen Sie bitte nicht in den letzten Wagen, denn dieser wird an der nächsten Station vom übrigen Zug abgehängt. Gute Reise!“. Und sogleich verließ der Polizist den Wartesaal. Pater Alexij schaute Maria Schneider an und sagte zu ihr: „Gott hat uns einen Engel geschickt! Ich werde nie vergessen, was Sie für mich getan haben. Wenn Gott es mir erlaubt, werde ich zurückkehren, um euch die heilige Kommunion zu reichen und in jeder meiner Messen werde ich für Sie und Ihre Kinder beten.“ Pater Alexij entkam, kehrte aber einige Monate später zurück und konnte das Kind, das ihn schon im Schoß seiner Mutter auf seiner Flucht begleitet hatte, taufen! Irgendwann aber erwischte die Polizei auch P. Alexij! Er starb als Märtyrer am 30.10.1963 in der Nähe von Karaganda und wurde von Papst Johannes Paul II. im Jahr 2001 selig gesprochen.

In der Umgebung von Karaganda gab es riesige Konzentrationslager des „Archipel Gulag“, man spricht von Millionen die dort unter der Erde liegen.

Wie viele von ihnen heilige Menschen waren, weiß nur Gott! Aber von P. Alexij wissen wir es, die Kirche verehrt ihn als einen ihrer vielen Seligen! Er ist der Erste von Kasachstan, sicher nicht der Einzige und auch nicht der Letzte.

Die Kirche wächst! Sein Täufling, heute Bischof Athanasius, hat maßgeblich beigetragen, dass in Karanda, wo P. Alexij bestattet ist, eine Kirche gebaut wurde, ein großes Zeichen der Hoffnung für das Land, geweiht der Muttergottes von Fatima!

Ein Abenteuer ...

Hellmut Laun, So bin ich Gott begegnet

In der Nähe von Königsbronn gibt es ein weitverzweigtes Höhlensystem, das sogenannte Hessenloch, in dem sich die Bewohner des Dorfes in Zeiten von Krieg versteckten. In diese Höhle nun stiegen einige Buben ein und zwar ohne Erlaubnis ihrer Eltern und ohne irgendjemand von ihrem Plan in Kenntnis zu setzen. Sie waren, wie man sich leicht denken kann, schlecht ausgerüstet und so geschah es: Ein Wassertropfen von der Decke löschte die eine Kerze aus, die andere fiel auf den Boden, eine primitive Lampe, die sie bei sich hatten, funktionierte nicht. Plötzlich standen die jungen Forscher in absoluter Finsternis und verloren in kürzester Zeit die Orientierung. Sie hätten abstürzen oder sich endgültig verirren können und es bleibt höchst ungewiss, ob man sie rechtzeitig gefunden hätte. Auf allen Vieren krochen sie in wachsender Verzweiflung herum und suchten den Ausgang. Als einer von ihnen gerade wieder zurückkriechen wollte, um wenigsten bei den Anderen zu sein, nahmen seine in der

Dunkelheit inzwischen für das Licht empfindlich gewordenen Augen plötzlich einen schwachen Schimmer wahr: Licht, schwaches Licht, aber doch Licht! So schnell sie konnten krochen und tasteten sich die Jungen in diese Richtung und achteten nicht einmal mehr darauf, wie oft sie sich am Felsen anstießen. Wichtig war nur noch eines: den Ausgang finden, herauszukommen und heim zu kommen. Und wirklich, der Schimmer führte sie richtig – endlich wieder hinaus!

Man braucht sich nur vorzustellen, was geschehen wäre, wenn die Sonne schon untergegangen gewesen wäre!

Als Gott die 25. Stunde erschuf

Besorgt meldeten die Engel dem Schöpfer der Welt, dass die Menschen fast gänzlich aufgehört hätten zu beten. Daraufhin beschloss der himmlische Rat, die Ursachen dieses alarmierenden Zustandes untersuchen zu lassen. Engel wurden ausgesandt. Als sie zurückkamen, ergab sich aus ihren übereinstimmenden Berichten folgendes Bild: Abgesehen von jenen, die ohnehin nie oder höchstens ganz selten und kurz beten, wissen auch die gläubigen Menschen selbst um diesen Mangel. Es ist wahr, sagten sie, dass auch sie selbst wenig oder kaum noch beten. Ganz einverstanden mit der Sorge des Himmels würden auch sie selbst diesen Zustand beklagen! Aber leider, und dafür würden sie um Verständnis bitten, hätten sie trotz ihres guten Willens, im Unterschied zu anderen Nicht-Betern, die gar nicht beten wollen, einfach keine Zeit zum Beten.

Im Himmel war man verblüfft und erleichtert in einem: Eine so einfache Erklärung hatte man sich nicht erwartet! Statt des befürchteten Abfalls handelte es sich also nur um ein Zeitproblem! Die himmlischen Räte überlegten hin und her, was zu tun sei. Wie helfen in dieser jetzigen, drängenden Not? Einige meinten, man solle durch entsprechende Maßnahmen der Vorsehung das moderne, hektische Leben abschaffen – früher sei doch alles besser gewesen. Andere schlugen eine Bestrafung des Menschengeschlechtes vor: „Das wird schon seine Wirkung tun“, sagten sie, und erinnerten an die Sintflut und andere Naturkatastrophen, die tatsächlich viele Menschen zur Besinnung gebracht hatten. „Not lehrt beten“, sagten sie, und ein Engel erzählte von einem AIDS-Kranken, der ihm anvertraut war und der tatsächlich viel betete. Natürlich, auch den Befürwortern eher radikalerer Maßnahmen taten die Menschen leid, aber, so sagten sie, es geht ja um das ewige Leben der Menschen und da müsse man auch schmerzliche Mittel in Kauf nehmen! Nach einigem Hin und Her meldete sich ein kleiner Engel zu Wort. Er war zwar etwas verlegen, aber dann, ermutigt von den wohlwollenden Blicken aller, sprach er aus, was er dachte: Gott, der Allmächtige, solle doch Verständnis für die Not des modernen Menschen zeigen und den Tag einfach verlängern! Der Engel setzte sich wieder bescheiden auf seinen Platz. Nachdem sich die hohen Persönlichkeiten von ihrer Verblüffung erholt hatten, begann eine lebhafte Diskussion. Schließlich befand eine klare Mehrheit, der Vorschlag sei gut, und trotz einiger Gegenstimmen wurde der Vorschlag vor Gott gebracht. Gott hörte schweigend zu und es war nicht klar erkennbar, ob er nicht doch ein wenig lächelte. Aber dann, zur Überraschung aller, schien er einverstanden zu sein und tat, was ihm sein himmlischer Rat vorgeschlagen hatte. Er schuf eine 25. Stunde, die er in seiner Allmacht dem irdischen Tag einfach anfügte. Bei den Himmelsbewohnern herrschte helle Freude: „So ist Gott eben“, sagte man im Ton tiefer, dankbarer Zufriedenheit, „er hat Verständnis für seine Geschöpfe.“ Als man auf der Erde zu merken begann, dass der Tag nun eine Stunde länger dauerte, waren die Menschen verblüfft und als sie den Grund für diese Verlängerung erfuhren, von Dankbarkeit erfüllt. Erste Reaktionen waren vielversprechend: Es werde zwar einige Zeit dauern, so hörte man aus informierten Kreisen, bis die Anpassung vollzogen sei, aber dann werde sich alles einspielen. Nach einer gewissen Zeit vorsichtiger Zurückhaltung ließen die Bischöfe verlauten, es sei eine Wende zu erwarten und die 25. Stunde werde als „Stunde Gottes“ in das Leben der Menschen eingehen.

Im Himmel allerdings wich die anfängliche Freude bald der Ernüchterung. Wider alle Erwartung kamen im Himmel nicht mehr Gebete an als bisher, und so sandte man wiederum Boten zur Erde. Diese berichteten:

Die Geschäftsleute ließen sagen, die 25. Stunde, für die man sich durchaus zu Dank verpflichtet sehe, habe durch die Umstellung der Organisation Kosten verursacht. Durch erhöhten Einsatz der Mitarbeiter müssten diese zunächst einmal eingearbeitet werden und darauf könne man vor allem in Hinblick auf die derzeitige Ertragslage der Wirtschaft nicht verzichten. Man bitte um Verständnis für die Sachzwänge, denen man ausgesetzt sei. Man bedauere, aber leider könne von einer Freigabe dieser so dringend nötigen Zusatzstunde für Gebet vorläufig keine Rede sein! „Vorläufig“ und „bis auf weiteres“, sagte man, um den Eindruck zu erwecken, es bestünde „später“ die Hoffnung auf neue Verhandlungen. Da Menschen Engel nicht überlisten können, war diesen freilich klar: In Wirklichkeit wollte man von lästigen Fragen verschont bleiben und sich auch in Zukunft mit einer Stunde mehr und darum auch mit noch mehr Hektik der Arbeit zuwenden können.

Ein anderer Engel war bei der Gewerkschaft. Erstaunt, aber doch höflich wurde er angehört. Dann erklärte man ihm, die neue Stunde entspreche eigentlich einer längst überfälligen Forderung der Gewerkschaft. Im Interesse der Arbeitnehmer und der Arbeitsplatz-Sicherung in der Unterhaltungsindustrie müsse die Stunde – man danke sehr dafür! – freigehalten werden für die Erholung.

In den Kreisen der Intellektuellen verbrachte man viele, viele Stunden damit, über die neue Stunde zu diskutieren. In einer vielbeachteten Gesprächsrunde im Fernsehen wurde vor allem darauf hingewiesen, dass dem mündigen Menschen niemand vorschreiben könne, was er mit dieser Stunde zu tun habe. Die Freiheit der Zeiteinteilung dürfe nicht eingeschränkt werden! Die Idee der Bischöfe, sie als „Stunde Gottes“ im Bewusstsein der Menschen zu verankern, müsse als autoritäre Bevormundung zurückgewiesen werden.

Aus universitären Kreisen hörte man: Die Untersuchung darüber, wie die neue Zeiteinheit entstanden ist, sei noch nicht abgeschlossen. Naiv-religiöse Deutungen könnten dem modernen Menschen auf keinen Fall zugemutet werden. Die wissenschaftliche Klärung würde noch Zeit in Anspruch nehmen und die neue Stunde käme der Forschung und auch anderen Projekten zugute.

Die meisten der ausgesandten Engel hatten kaum mehr Hoffnung, andere Antworten und nicht nur Ausreden zu hören, zumal Engel sich über die Motive der menschlichen Herzen ohnehin kaum Illusionen hingeben!

Wirklich zuversichtlich war nur noch ein Engel, und zwar derjenige, der zu den Christen und anderen gläubigen

Menschen gesandt worden war: Tatsächlich empfing man ihn mit ausgesuchter Höflichkeit und beeilte sich ihm mitzuteilen, dass man das Gebet auch in der Kirche für sehr wichtig halte. Ja man zeigte ihm Resolutionen und Dokumente verschiedener Gremien und Synoden, in denen dies klar festgehalten worden war. Allerdings, so wurde ihm auch bedeutet, dürfe man Jesu Lehre auf keinen Fall fundamentalistisch auslegen. Als der Engel das Wort nicht zu verstehen schien, nannte man ihm die Namen einiger auf Erden berühmter Theologen und meinte, der Eingriff des Himmels könne nur im Sinn einer befreienden Botschaft verstanden werden, als ein Angebot und als Hilfe für die je eigene, persönliche Gewissensentscheidung. Im Übrigen müsse über den Stellenwert des Gebetes auch noch ein Dialog mit den großen Weltreligionen geführt werden, bevor an eine Inkulturation der 25. Stunde als Stunde Gottes gedacht werden könne. Einige gingen noch weiter und sagten, aus der Sicht der kirchlichen Basis sei die ganze Angelegenheit kritisch zu bewerten: Die Zweckbindung der 25. Stunde zu Gunsten des Gebetes sei eng und könnte auf gar keinen Fall „von oben“ verfügt werden, d.h. ohne Meinungsbildung „von unten“.

Manche Pfarrer betonten, wie dankbar sie für die zusätzliche Zeit seien, deren sie dringend für ihre pastorale Arbeit bedürften und ein Theologe ließ ausrichten, er arbeite an einem Buch über das Gebet und die neu geschaffene Stunde komme ihm sehr gelegen, um mit seiner Arbeit besser voranzukommen.

So hatten alle einen Grund zu erklären, warum die dazu gewonnene Tagesstunde zwar ein Glücksfall sei, für den man Gott zu danken habe, aber sie nannten auch Gründe, warum sie nicht dem Gebet gewidmet werden könne, auch wenn es Ausnahmen geben könne.

So zeigte sich: Viele Menschen erhöhten mit der 25. Stunde ihre Arbeitsleistung, andere genossen sie als Mehr an Freizeit, wieder andere traten einem weiteren Verein bei oder besuchten Lehrgänge über Selbstverwirklichung, Gesprächsführung und neue Meditationstechniken. Ja, es wurden sogar pädagogische, soziologische, ökonomische, psychologische und theologische Bücher über die „Bedeutung der 25. Tagesstunde" geschrieben, denen wissenschaftliche Kongresse vorausgingen oder folgten. Kirchliche Bildungshäuser boten Kurse über verschiedene Gebetstechniken an und die Teilnehmer diskutierten oft nächtelang. Aber, das musste auch dieser Engel schließlich einräumen: Für die erdrückende Mehrheit der Menschen löste sich die 25. Stunde im Zeitbrei aller übrigen Stunden auf und wurde von fast niemandem als Stunde für Gott wahrgenommen.

Die Engel kehrten in den Himmel zurück. Traurig berichteten sie über das, was sie gehört und gesehen hatten. Freude kam nur auf, als einige Engel von Menschen erzählten, die die geschenkte Zeit wie jede andere Stunde ihres Lebens aus den Händen Gottes annahmen: für ihre Aufgaben, für den Dienst an ihren Mitmenschen, für die Teilnahme an der heiligen Messe und für das Gebet, für das sie jetzt noch leichter Zeit fanden als bisher. Dabei zeigte sich: Diejenigen, die die 25. Stunde tatsächlich in den Dienst Gottes stellten, waren dieselben, die sich schon bisher Zeit zum Beten genommen hatten, und jetzt wirklich noch mehr beteten.

Wieder versammelte sich der himmlische Rat. Ein hoher Engel trat vor: „Gebet ist nicht eine Frage der Zeit, sondern eine Sache der Liebe. Zeit ist wichtig, aber sie allein bringt keine Beter hervor. Diejenigen, die nicht beten wollen, werden auch mit einem längeren Tag ‚keine Zeit' zum Beten finden und sich damit selbst belügen. Zeit haben immer nur die Liebenden." Als der Engel geendet hatte, schwiegen alle und nickten nur. Eine Abordnung trat vor Gott hin und berichtete, was geschehen war. Es wäre gut, meinte der Sprecher der Engel abschließend, die 25. Stunde wieder abzuschaffen und auch die Erinnerung daran aus den Köpfen der Menschen zu löschen. Einigen schien es, als sei auf dem Antlitz Gottes ein feines Lächeln erschienen, freilich gepaart mit Traurigkeit über die lieblose Uneinsichtigkeit der Menschen. Sicher ist jedenfalls, dass Gott auch diesmal den Vorschlag seiner Engel guthieß. Denn seit dieser Zeit hat der Tag wieder nur 24 Stunden und es gibt niemanden, der sich erinnern könnte, dass es jemals anders gewesen wäre – nur Sie und ich!

Vier Rosen für meine Kinder

Vor vielen Jahren, als die Diskussion über künstliche Befruchtung begonnen hatte, erzählte eine Gynäkologin von einem Ehepaar, das sich ihren Kinderwunsch durch die neue Methode mit vier befruchteten Embryonen erfüllen wollte, aber auch damit scheiterten die Eheleute. Die Frau sei, erzählte die Ärztin, als es klar war, dass sich kein Embryo eingenistet hatte, zurück zur Klinik gekommen und überreichte ihr vier Rosen: „Für die vier Kinder, die wir hatten.“ Dann ging sie traurig weg.

Schweigen – Gefahr in Verzug!

Autor unbekannt
Nacherzählt und erweitert von + Andreas Laun

Nach einer alten asiatischen Tradition wurde Jahr für Jahr am kaiserlichen Hof die Geschichte des Reiches fortgeschrieben. Für diese Aufgabe wurden zwei hohe Minister des Kaisers bestimmt. Der eine musste alles Gute aufschreiben, das sich im Reich zugetragen hatte; der andere musste eine Liste dessen aufstellen, was an Negativem vorgefallen war. Aber keiner der beiden war auf dem Laufenden über das, was der andere schrieb. In einer öffentlichen Sonderaudienz zu Beginn des neuen Jahres mussten die beiden Schreiber in Anwesenheit des kaiserlichen Hofes ihre Bilanz vorlesen. Alle erwarteten, aus dem Kontrast der beiden Aufstellungen die Wahrheit zu erkennen.

Nachdem er die Berichte angehört hatte, wandte sich der Kaiser an den Hof und bat: „Wer von euch etwas dazu zu sagen hat, möge es tun." So geschah es, dass der Kaiser eines Tages alle aufforderte, ihre Meinung kundzutun. Aber keiner wagte, etwas zu sagen. Es herrschte die größte Stille, bis plötzlich ein leises Seufzen und Weinen zu hören war. Da fragte der Kaiser: „Wer weint da? Derjenige, der geweint hat, soll vor mich hintreten und reden." Darauf trat ein Mandarin vor, verneigte sich dreimal tief vor dem Kaiser und sagte mit großem Respekt: „Majestät, niemand an diesem Hof mag es, die Wahrheit zu sagen. Ich fürchte, dass unsere Nation in Gefahr ist und untergehen könnte!"

Der Damm

Schön war die Stadt am Meer! Aber es gab auch Flutwellen, die manchmal die Stadt überschwemmten und in den schlimmsten Fällen, Menschenleben kosteten. Daher begannen die Bürger eines Tages einen Damm zu bauen. Es dauerte zwar lange, bis alle Bürger von der Notwendigkeit überzeugt waren, aber dann gelang das Werk doch, der Damm war fertig, die Menschen atmeten auf und lebten zufrieden hinter seiner beruhigenden, zum Himmel ragenden Masse.

Da aber eine wirklich gefährliche Flut lange ausgeblieben war, vergaß man den Grund, warum der Damm gebaut worden war. Später konnte niemand sagen, wann sie eigentlich begonnen hatte, eines Tages war sie jedenfalls da, nämlich die Diskussion darüber, ob der Damm nicht Nachteile hätte, ja ob er überhaupt nötig wäre? Störend war er auf jeden Fall, denn der Damm erschwerte den Zugang zum Wasser und nahm die schöne Aussicht auf das Meer. Natürlich konnte sie jeder genießen, indem er den Damm erstieg und dann war sie sogar noch großartiger, aber das Steigen war unbestreitbar unbequem. Natürlich bestand auch die Gefahr, dass durch den Damm der Tourismus Schaden leiden würde!

Aus den Gespräche über den Damm, seine Notwendigkeit und seinen Nutzen, im anfangs familiären, gutnachbarlichen Ton wurde Streit und da es länger keine Flut gegeben hatte, neigte die Mehrheit der Bürger bald mehr und mehr zur Ansicht, der Damm sei störend und zumindest müsse er nicht so groß sein, wie er eben war. Man sagte, man müsse über den Damm doch verschiedener Meinung sein dürfen, es sei beleidigend, den Kritikern des bestehenden Dammes zu unterstellen, sie verstünden nichts von Dämmen!

Irgendwann gelang es den Damm-Kritikern, das Thema auf die Tagesordnung der Stadtväter zu setzen und nach hitziger Debatte entschied sich der Stadtrat, gestützt auf die Mehrheitsverhältnisse und erfüllt von demokratischer Gesinnung, für einen Kompromiss: Der Damm sollte weiterhin bleiben und rechtlich abgesichert werden. Um aber den Interessen einer doch sehr beträchtlichen Zahl von Bürgern Rechnung zu tragen, sei ein Stück abzutragen und der Damm insgesamt etwas niedriger zu machen.

Nachdem die Entscheidung gefallen und durchgeführt worden war, erlosch das Interesse der Öffentlichkeit. Zwar gab es immer wieder Proteste, Leserbriefe und Vorträge über die Gefahren, die sich aus der Veränderung des Dammes ergeben würden. Aber man ließ diese Ewig-Gestrigen reden und ihre Argumente wurden mit den immer gleichen Stechsätzen abgeschmettert, auf wirkliche Argumentation musste man sich nicht einlassen, da die Mehrzahl „auf der anderen Seite“ stand. Nur einigen wenigen fiel auf: Der Durchbruch erfolgte so, dass eine Flut zuerst die ohnehin weiter unten gelegenen sozial schlechter gestellte Bevölkerung und vor allem die Unterkünfte der Zuwanderer erreichen würde. Proteste waren praktisch unmöglich, weil diese Bevölkerungsgruppe keine Erfahrung mit der Behörde und naturgemäß keinen politischen Einfluss hatte.

Eine Zeit lang ging alles gut, so schien es jedenfalls. Genauer gesagt: Die kleineren Fluten drangen regelmäßig durch die Bresche, die man dem Damm geschlagen hatte, ein und setzten einige Häuser unter Wasser. Wenig beachtet wurde der Umstand: Das Wasser riss bei jeder Flut weitere Stücke des Mauerwerkes mit sich, die Bresche verbreiterte sich. Es gab sogar wieder Tote, und Stimmen wurden laut, die ein neues Damm-Gesetz forderten und die Wiederherstellung des alten Dammes forderten. Aber ihnen wurde spöttisch bedeutet, man könne doch mit Gesetzen kein Wasser aufhalten. Außerdem könne man freien Bürgern den Zugang zum Meer nicht verwehren, zudem müssten wirtschaftliche Interessen beachtet werden!

So blieb es jahrelang. Die Bresche wurde immer größer, die herrschende Schicht immer sorgloser auf der einen Seite und immer gleichgültiger auf der anderen Seite gegenüber dem Schicksal jener, die ertranken. Die Ansicht, nur ein vollständiger Damm sei wirklich ein Damm, wurde verlacht oder als ‚erzkonservative' Meinung zum Schweigen gebracht. Bis zu jenem Tag, als die große Flut kam, in Kürze auch die höherliegenden Viertel überschwemmte und alle ertranken.

Nachdem das Wasser zurückgegangen war, wurde die Stadt neu besiedelt. Der Damm wurde in seiner alten Form wiederhergestellt, und bald kehrte der Alltag ein. Die Historiker aber diskutierten die Frage, die niemand zu beantworten wusste: Alles, was man aus der früheren Zeit gefunden hatte, bewies das technisch-wissenschaftliche Niveau der früheren Bewohner und ihre hohe Intelligenz. Aber was um alle Welt hatten sich diese Leute gedacht, als sie in ihren Damm eine Bresche schlugen? Man diskutierte, veranstaltete Tagungen, schrieb Bücher, aber das Geheimnis des Dammes blieb ungelöst.

Eines Tages aber ging einer der Gelehrten spazieren und begegnete dabei Kindern. Gut gelaunt stellte er ihnen die Frage, welchen Sinn der alte Damm mit der großen Lücke gehabt haben könnte und erwartete sich einige naive Antworten, die er seinen Kollegen würde zum Besten geben können. Aber die Kinder lachten nur und sagten: „Ein Damm mit Löchern? Das ist wie ein Raubtierkäfig mit einer offenen Tür, wie ein Regenschirm mit einem Netz als Bespannung – ein Damm mit Löchern ist überhaupt kein „Damm", ein Damm mit Löchern ist dumm!"

Die Kinder hatten schon wieder anderes im Sinn und zogen übermütig lachend und schreiend weiter. Der Gelehrte aber stand verdutzt da und schaute ihnen nach. Dann beschloss er, seinen Kollegen nichts von den Kindern zu erzählen, sondern ihnen nur zu sagen: Wir müssen aufhören, nach dem Sinn eines durchbrochenen Dammes zu fragen und statt dessen erforschen, wie es zu dieser Dummheit kommen konnte, dass gescheite Leute einen Damm durch ein großes Loch unbrauchbar machten!

Der Prediger und sein stiller Helfer

Autor unbekannt
Nacherzählt und erweitert von + Andreas Laun

Der Priester war berühmt, mit seinen Predigten konnte er die Menschen begeistern! Ihm gegenüber, in der ersten Bankreihe saß bei jeder Predigt ein alter Mann. Der Prediger war glücklich über seinen Erfolg. Eines Tages erschien ihm ein Engel: „Ich gratuliere dir zu deinen Vorträgen! Du bist wirklich gut! Aber erinnerst du dich an jenen Alten, der immer kommt, um dir zuzuhören?" „Ja, ich habe ihn schon bemerkt", antwortete der Prediger. Darauf der Engel: „Nun, du sollst wissen, er kommt nicht, um dir zuzuhören, sondern um für dich zu beten. Seinen Gebeten ist zu verdanken, dass deine Predigten für die Menschen so nützlich sind."

Das Märchen von den Zeitgutscheinen

Es war einmal ein Mann, der sich durch nichts von seinen Mitmenschen unterschied. Wie die meisten lebte er mehr oder weniger gedankenlos vor sich hin. Eines Tages aber sprach ihn ein Unbekannter an und fragte, ob er „Zeitgutscheine" wolle. Weil der Mann gerade nichts zu tun hatte und ohnehin eine gewisse Langeweile verspürte, ließ er sich aus reiner Neugierde auf ein Gespräch ein und wollte wissen, was denn Zeitgutscheine seien und wofür sie gut wären. Statt einer Antwort zog der Unbekannte ein Bündel verschieden großer Scheine hervor, die wie Banknoten und doch ganz anders aussahen. Jeder Schein, erklärte ihm der Fremde, entspreche einem Stück seiner Lebenszeit. Es gebe Jahresscheine, Stunden-Scheine, Scheine für je eine Woche oder ein Monat. Alle Scheine zusammen ergeben die Summe „deiner Lebenszeit", fügte der geheimnisvolle Fremde hinzu. Und: „Wenn du alle Gutscheine investiert hast, ist es Zeit zu gehen." Bevor der überraschte Mann eine weitere Frage stellen konnte, war der geheimnisvolle Fremde verschwunden.

Neugierig und erstaunt blätterte der so Beschenkte in dem Bündel. Zuerst kam ihm der Gedanke, an Hand der Scheine die genaue Dauer seines Lebens zu errechnen. Neugierig machte er sich ans Rechnen, aber dann erschrak er, als er tatsächlich die genaue Zahl der Jahre und Tage vor sich hatte. Dann begann er, eine Einteilung zu überlegen und machte kleine Stöße von Scheinen entsprechend seinen Absichten. Zwar wollte er für Kegelabende, Fernsehen und „Wellness" im Allgemeinen eine große Zahl von Stunden-Scheinen bereitlegen, stellte aber zu seinem Bedauern bald fest, dass allein durch Essen und Schlafen eine unglaublich große Zeit-Menge, also Zeit-Gutscheine von vornherein gebunden waren. Tagelang war er damit beschäftigt, seine Zuwendungen an Lebenszeit immer wieder neu zusammenzustellen, um sie bestmöglich zu nützen. Jedes Mal, wenn ihn jemand dabei störte oder gar etwas von ihm wollte, sah er im Geiste einen seiner kostbaren Scheine verloren gehen und sagte kurz und unfreundlich, nein, er habe seine Zeit nicht zu verschenken! So wachte er eifersüchtig und geizig über seine Zeit-Gutscheine und brütete wieder und wieder über ihre bestmögliche Verteilung. Als ihm endlich eine perfekte Widmung der Stunden, Tage und Jahre gelungen zu sein schien, war plötzlich der Unbekannte wieder da. Ob er denn von Sinnen sei, fragte er und fügte hinzu: „Die Zeitgutscheine sind dazu da, in Ewigkeit verwandelt zu werden, wenn nicht, dann werden sie wertlos! Aber das tun sie nur, wenn Du den Willen Gottes erfüllst und deine Zeitgutscheine für die guten Werke verwendest. Denn auch du bist „dazu geschaffen, in deinem Leben die guten Werke zu tun, die Gott für dich im Voraus bereitet hat." (Eph. 2,6). Gott gab dir dazu deine Zeitgutscheine und ER schickt dir die Gelegenheiten und die Kraft dazu!" Kaum hatte er das gesagt, war der Fremde auch schon wieder verschwunden und der Mann blieb allein zurück. Voll Freude, denn jetzt wusste er, was er mit seinen Scheinen tun sollte.

Eine kleine Geschichte von einer großen Liebe

Geschichten von der Liebe gibt es viele und, wenn man aufmerksam lauscht, erzählt das Leben besonders schöne Geschichten von Ehe und Liebe, nicht nur Shakespeare, Beethoven, Aitmatow und viele andere. Eine solche Liebesgeschichte habe ich kürzlich erlauscht, erzählt von einer heute alten Frau, die eine Zeit lang meiner Mutter half, auf mich aufzupassen, als ich noch ein kleiner Junge war. Ich liebe sie noch heute und erinnere mich daran, wie ich, noch ein Kind, voll Staunen, aber auch mit einem geheimnisvollen Verstehen des mir eigentlich noch nicht Verstehbaren das Erwachen ihrer Liebe zu ihrem späteren Mann miterlebte, einer Liebe, deren „Tonfall" die Beiden bis heute beibehalten haben.

Dazu passt nun die folgende Geschichte: Sie hatte vor kurzem einen Herzinfarkt, kam in die Klinik und die Ärzte schoben aus Gründen einer sicheren Diagnose einen dünnen Schlauch durch die Ader in ihr Herz zu. Den Vorgang beobachteten sie auf einem Bildschirm, aber auch die Kranke durfte zuschauen. Am Ziel angelangt sagte der Arzt: „Jetzt bin ich in Ihrem Herzen“. Die Patientin antwortete schlagfertig und charmant: „Nein, da ist ein Anderer drinnen.“ Und als sie mir diese Geschichte erzählte, lächelte sie und blickte zärtlich zu ihrem Mann hinüber, der neben ihr saß.

In meinen Augen war sie für einige Augenblicke lang wieder die junge Frau, die ich aus meiner Kindheit kannte. Ihr Mann liebt sie noch wie damals und ich auch, auf meine Weise.

Ein Liebesbrief aus dem Jenseits

Der Mann war gestorben und Magdalena, die Witwe tat, was man in einem solchen Fall tut: Sie ordnete die Hinterlassenschaften. Dabei fand sie in seinem Tagebuch einen Brief, adressiert an seine erste, geschiedene Frau. (Die Ehe mit ihr war später auch kirchlich für nichtig erklärt worden). Da der Brief nicht verschlossen war, fühlte sie sich ermächtigt, ihn zu lesen: „Liebe K., wenn du diesen Brief liest, bin ich schon tot. Ich spreche aus dem Jenseits zu Dir. Du hättest gemeint, ich schweige jetzt endlich, aber das tue ich nicht, wie du siehst. Ich bitte dich: Öffne dein Herz dem Glanz der katholischen Kirche! Gott segne Dich. Dein L." Die Frau überlegte und zögerte, weil sie um die Abneigung und die Verachtung der Adressatin des Briefes gegenüber der katholischen Kirche wusste. Dann aber sandte sie den Brief trotzdem ab, wenn auch in dem Glauben, die Empfängerin werde den Brief sicherlich zerreißen und wegwerfen. Aber es kam anders, wie jene Frau später selbst erzählte: Zunächst ging sie in eine Kirche in ihrer Nähe, jene Kirche, in der vor vielen Jahren ihr jetzt verstorbene Mann sich in die Kirche hatte aufnehmen lassen. Sie betete. Dann klopfte sie am Pfarrhaus an und bat den Priester um ein Gespräch. Sie zeigte ihm den Brief und fragte ihn: „Was soll ich damit tun?" Der Priester antwortete: „Der Brief ist für Sie nicht entscheidend. Ob Sie in die Kirche eintreten oder nicht, ist eine Sache nur zwischen Ihnen und Gott." Es dauerte nur Monate, dann bat sie um Unterricht im Glauben und schließlich tatsächlich um Aufnahme in die Kirche, nicht wegen des Briefes, sondern aus eigener Überzeugung. Inzwischen sind Jahre vergangen, und auch diese Frau ist gestorben. Magdalena, die den Brief des Toten an ihre Vorgängerin weitergeleitet hatte, lebt noch und kümmert sich um die Kinder, auch um jene der ersten Frau. Verantwortung, Liebe und Glaube – über den Tod hinaus!

Eine sinnlose gute Gewohnheit?

Autor unbekannt
Nacherzählt und erweitert von + Andreas Laun

In einem kleinen Dorf gab es ein uraltes Haus. Es war aus unbekannten Gründen üblich, dass jeder, der vorbeiging, eine kurze Verneigung mit dem Kopf machte. Das war einfach so! Jeder tat es, auch wenn man nicht mehr erklären konnte, warum es so war. Die Jungen fragten zwar manchmal: „Warum verneigen wir uns hier?", aber die Alten sagten einfach: „Das ist so! Es war immer so, und so soll es bleiben!"

Eines Tages musste dieses Haus renoviert werden und man klopfte den alten, bröckeligen Putz von der Hauswand, um ihn zu erneuern. Da geschah etwas sehr Unerwartetes: Unter dem spröden alten Putz kam ein nicht sehr kunstvolles, aber ergreifendes Christusmosaik zum Vorschein. Vorsichtig legte man es frei und bald strahlte es in neuem Glanz. Als nun die Leute wie gewohnt den Kopf beim Vorübergehen neigten, überkam sie ein tiefes Gefühl von Ehrfurcht und Freude. Sie hatten all die Jahre das Bild des Herrn gegrüßt, ohne es zu wissen. Und jetzt wussten sie endlich das Warum! Nun sahen sie auch, was für ein verborgener Schatz all die Zeiten in dieser Hauswand und hinter einer alten Gewohnheit verborgen gewesen war.

Nachsatz: So ist es für viele Menschen in der hl. Messe: Sie wissen nicht mehr von dem „Bild Gottes“ hinter der Zeichensprache der Liturgie!

Die Seele eines Löwen

Aus dem Leben eines großen Denkers und Katholiken: Dietrich von Hildebrand

In jedem Leben“, schrieb Joseph Kardinal Ratzinger, später Papst Benedikt XVI., in seinem Vorwort zu dem Buch „Die Seele eines Löwen“ über Dietrich von Hildebrand:

„In jedem Leben offenbaren Momente, Ereignisse oder Begegnungen, die etwas vom inneren Charakter der Person enthüllen, Augenblicke, in denen die besondere Eigenart der Person zum Vorschein kommt. Ein solcher Augenblick ereignete sich, als Dietrich von Hildebrand 14 Jahre alt war": Seine Eltern, hoch gebildete Künstler, liebten ihn und seine Geschwister. So wundert es nicht, dass in der Familie über alles und jedes in großer Freiheit gesprochen werden konnte, auch über schwierige, weltanschauliche Fragen. So kam es, dass der kleine Dietrich einmal mit einer seiner älteren Schwestern spazieren ging und dabei das Gespräch auf Fragen der Moral kam. Die Schwester versuchte den kleineren Bruder zu überzeugen: „Alle moralischen Gebote sind relativ, das heißt, sie können sich ändern und ändern sich im Lauf der Zeit auch wirklich". Zu ihrem Erstaunen widersprach ihr der kleine Bruder mit größtem Nachdruck und versuchte, ihr die absolute Unabhängigkeit der Moral vom Wandel der Zeit zu beweisen. Zu Hause angekommen trafen die Geschwister den Vater und das Mädchen sagte zu diesem: „Es ist unglaublich, dass Dietrich nicht einsehen will, dass die moralischen Gebote relativ sind, sich ändern können!" Darauf der Vater: „Du vergisst, dass er erst 14 Jahre alt ist!" Das ließ der Junge aber nicht gelten und er erwiderte: „Wenn du kein anderes Argument hast, um meine Ansicht zu widerlegen, als den Hinweis auf mein Alter, so ist dies eine sehr schwache Position, die du vertrittst!" Kardinal Ratzinger urteilt über die Persönlichkeit Dietrich von Hildebrands: „Er war seit seiner frühesten Jugend ergriffen vom Glanz der Wahrheit ... Die fundamentale Anziehungskraft des Wahren war es, die Dietrich von Hildebrand und seine Frau in die katholische Kirche eintreten ließ."

In Erinnerung an dieses Gespräch mit seinem Vater nannte Dietrich von Hildebrand selbst zwei Eigenschaften seines Wesens, die für ihn kennzeichnend seien: „Meine innerste Überzeugung von der Existenz und Erkennbarkeit der objektiven Wahrheit und meine Unbeeinflussbarkeit durch meine Umgebung und durch Ideen, die gleichsam in der Luft lagen." Diese Unbeeinflussbarkeit brauchte er später auch dringend im Kampf gegen den Nationalsozialismus, dem so viele Menschen erlagen!

Auch zwei andere kleine Geschichten von diesem großen Mann sind erzählenswert: Die erste Geschichte erlebte eine seiner Schwestern mit ihrem Bruder Dietrich, der damals erst fünf Jahre alt war. Und doch, sie sprachen über Jesus Christus, und seine Schwester wiederholte, was ihre Mutter ihr gesagt hatte: „Jesus war Sohn Gottes wie wir alle auch, es gab nichts Besonderes an ihm". Daraufhin rief der kleine Junge Dietrich erregt: „Ich schwöre dir, Christus ist Gott!" Bis zu seinem Eintritt in die Katholische Kirche vergingen allerdings noch rund 20 Jahre. Die andere Geschichte erzählte seine Witwe Alice von Hildebrand: „Kurz vor seinem Tod sagte Dietrich zu mir: Wenn du nach meinem Tod einen Text oder auch nur einen Satz von mir findest, der nicht völlig mit der Lehre der Kirche übereinstimmt, verbrenne ihn sofort!" Wirklich, Dietrich von Hildebrand wusste wie Paulus „wem er geglaubt hat!"

Die Warnung des Clowns

Autor unbekannt
Nacherzählt und erweitert von + Andreas Laun

Ein Reisezirkus war in Brand geraten. Der Direktor schickte den Clown, der schon für die Vorstellung angezogen und geschminkt war, in das benachbarte Dorf, um Hilfe zu holen, zumal Gefahr bestand, dass das Feuer über die abgeernteten, ausgetrockneten Felder auf das Dorf übergreifen könnte. Der Clown eilte in das Dorf und bat die Bewohner, sie möchten doch so schnell als möglich kommen und löschen helfen. Aber die Dörfler hielten das Geschrei des Clowns lediglich für einen ausgezeichneten Werbetrick, um sie möglichst zahlreich in die Vorstellung zu locken. Sie klatschten und lachten Tränen! Dem Clown war zum Weinen zumute, wirklich nicht zum Lachen! Vergeblich versuchte er, die Menschen zu beschwören, ihnen klarzumachen, dies sei keine Verstellung, kein Trick, es sei bitterer Ernst, es brenne wirklich und die Gefahr sei auch für das Dorf groß! Sein Flehen steigerte nur das Gelächter, man fand, er spiele seine Rolle ausgezeichnet – bis schließlich das Feuer wirklich auf das Dorf übergriff, Zirkus und Dorf verbrannten gleichermaßen und jede Hilfe kam zu spät!

Neues Europa

Es war im 19. Jahrhundert, in der Zeit, in der zwar die erste grauenhafte Diktatur, die des Kommunismus unter J. Stalin, noch bestand und sich sogar auf Osteuropa ausdehnen konnte, aber die zweite Schreckensherrschaft des 20. Jahrhunderts, die der Nationalsozialisten unter A. Hitler im Westen Europas nach zwölf schrecklichen Jahren von amerikanischen und russischen Truppen 1945 endlich besiegt und gestürzt worden war! Damals, in den Jahren nach dem Kriegsende, waren die Menschen voll Freude, sie räumten den Schutt zerstörter Häuser auf, begannen wieder zu leben, so gut es eben ging! In Wien öffnete man wieder das Opernhaus und spielte Fidelio, die große Oper über eheliche Treue und Befreiung eines Unschuldigen aus dem Kerker eines Tyrannen! Die Menschen feierten wieder Feste, sie wussten, warum sie sich freuten, dankbar strömten die Menschen wieder in die Kirchen, sie sahen in der Religion ein Geschenk, nicht eine lästige Pflicht, das Leben nahm einen neuen Anfang.

Aber zugleich stellte sich die Frage: Wie wird es nun weitergehen? Die zerstörten Städte müssen wieder aufgebaut werden, die Menschen brauchen Wohnungen und Arbeit, aber sie brauchen etwas, was noch wichtiger ist: eine politische Ordnung, die auf Gerechtigkeit beruht. Die eben erst neu errungene, heiß ersehnte Freiheit muss gesichert werden für immer! Europa braucht diese Grundwerte, ohne die es keinen Staat gibt, der den Menschen gerecht wird und ein gutes Leben ermöglicht.

Daher die Frage: Welche Ordnung braucht Europa, welche Gesetze sollen gelten, welche Rechte müssen anerkannt werden, damit das Schreckliche, das geschehen ist, nie wiederkehrt, nicht so, wie es war, aber auch nicht mit einer anderen Ideologie, die wieder Diktatur, Ungerechtigkeit und Unfreiheit begründet und den Menschen auferlegt?

Mehr noch, die neue Ordnung sollte auch für die noch vom Kommunismus versklavten Menschen im Osten eine Hoffnung sein: Am Tag ihrer Befreiung, der dann auch 1989 wirklich kam, sollten sie bei ihren Nachbarn eine lebensfreundliche Welt vorfinden, in der es sich gut, menschlich, in Freiheit und Gerechtigkeit leben lässt und der sie sich gerne anschließen würden!

Einige Männer und Frauen, Verbündete und Freunde, ein kleiner Kreis von Leuten, die die Tyrannei überlebt hatten, taten sich zusammen, um die Antwort auf die Frage zu finden: Wenn wir das „Haus Europa“ jetzt neu zu bauen beginnen, und das muss geschehen, müssen wir einen Plan haben und wissen, wie es aussehen soll – Wohnstätte und Schutz für alle! Was muss geschehen, was müssen wir tun?

In Erinnerung an diese Zeit könnten in diesem Kreis mitgewirkt haben: Der Deutsche Konrad Adenauer, der Franzose Robert Schuhmann, der Italiener Alcide De Gasperi, der Österreicher Otto von Habsburg, natürlich auch

Papst Pius XII., der Philosoph Dietrich von Hildebrand und viele, viele andere Menschen, die dachten wie die Genannten. Sie haben tatsächlich alle auf ihre Weise mitgewirkt! Das müssen die Historiker erforschen. Hier sei nur „geträumt", wie es hätte gewesen sein können, irgendwann und irgendwo in Europa nach dem Jahr 1945, eine Tagung, auf der das neue Europa geplant worden ist. Also etwa so:

Ohne Aufsehen versammelte sich die Gruppe im Festsaal eines alten Schlosses, das der Besitzer, einer von ihnen, gerne zur Verfügung stellte und sie begannen zu sprechen. Nachdem sie sich auf die Spielregeln ihres Dialoges geeinigt hatten, sagte der erste Redner:

„Beiden Diktaturen gemeinsam war unter Hitler und ist im kommunistischen Machtbereich bis heute der Hass Gottes und der Hass Seiner Völker. Folgerichtig suchten die Tyrannen in ihrer Logik des Bösen die Juden auszurotten und die Kirche zu vernichten, darüber hinaus alle ‚Gerechte', die ihnen im Wege waren! Ich bin überzeugt, ohne Anerkennung Gottes wird auch das neue Europa früher oder später wieder zu einem tyrannischen Menschenwerk entarten! Die Menschen könnten sich ganz so, wie es beim ‚Turmbau von Babylon' (Gen 11,4) war, nicht mehr verstehen, dann lebens- und freiheitsfeindliche Gesetze in Kraft setzen und die Folgen wären schrecklich! Irgendwie würde an den Wänden der Räume, in denen man die großen Events der neuen Zeit feiern und kühne Forschungen betreiben wird, eine ähnlich ‚Schrift' erscheinen wie gemäß der unheimlichen Geschichte im Buch Daniel (5, 1 ff) damals in ‚Babel': Der König Belschazzar feierte ausgelassen mit seinen Vasallen, mit seinen Frauen und vermeintlichen Freunden. Er missbrauchte dabei auch die heiligen Gefäße und machte sich lustig über Gott! Aber plötzlich erschien eine Hand und schrieb an die Wand: ‚Mene mene tekel u-parsin'. Alle, auch der König, erschraken, das Lachen verging ihnen, vor allem auch, weil niemand die Schrift lesen und verstehen konnte. Nur der verschleppte und versklavte Jude Daniel konnte die Schrift aufschlüsseln: Ebenso höflich wie unerschrocken hielt er dem König seine Anmaßung und seine Götzenverehrung vor Augen und las ihm dann die Schrift vor: ‚Mene - gezählt hat Gott die Tage deiner Herrschaft und macht ihr ein Ende. Tekel: Gewogen wurdest du auf der Waage und zu leicht befunden. Peres: Geteilt wird dein Reich und den Medern und Persern gegeben.' Wir wissen, wie die Geschichte ausging. Was ich damit sagen will: Europa wird wieder scheitern, wenn es sich ohne Gottesbezug definieren will! Ich rede nicht einem Gottesstaat das Wort, sondern ganz und gar der Unterscheidung von Kirche und Staat! Aber Unterscheidung ist etwas anderes als eine mehr oder weniger feindselige Trennung und schlimmer: Noch gefährlicher ist der ‚Landesverweis' für Gott, ein ‚Mauerbau gegen Gott', ein ‚Firewall' gegen seine Gnade! Dies führt in die Katastrophe! Ohne Gott existieren können auf längere Zeit hin nur Systeme mit Überwachung und Unterdrückung. Dauerhafte Rechtsstaaten kann es nur mit Gott geben, nicht ohne ihn!"

Ein anderer Teilnehmer unterbrach:

„Wir brauchen auch die Beter für das neue Europa! Europa ist wesentlich von den Mönchen aufgebaut worden, wir brauchen sie auch heute und ebenso für unsere Zukunft!

Übrigens fallen mir zu der Geschichte von der Schrift an der Wand noch zwei andere, ähnlich dramatisch Bilder der Bibel, ein:

Das Buch Daniel (2,5) erzählte von einem Traum des Königs: Er sieht ein gewaltiges, prächtiges, furchterregendes Standbild, aber dann sieht er auch: Ein Stein rollt von den Bergen, zerstört die tönernen Füße, die Statue bricht zusammen. Der König wacht auf, erinnert sich an seinen Traum und fragt, was dieser Traum bedeuten könne. Nur Daniel kann ihm den Traum deuten: Ja, das Standbild war gewaltig, aber es stand nur auf Tonfüssen und darum konnte es von einem sogar kleinen Stein zu Fall gebracht werden. König, es ist ein Bild für die Macht deines Reiches, das von anderen Reichen abgelöst werden wird.

Eigentlich können wir diese Geschichte nicht vergessen. Wir haben ja heute noch die Redewendung von Dingen oder Plänen, die auf ‚tönernen Füßen' stehen und darum leicht stürzen können. Für unser Gespräch ein sehr passendes Bild: Europa darf nicht auf solchen Tonfüßen errichtet werden! Auch wenn es noch so gut aussieht: Ton ist zerbrechlich. Wir müssen es auf feste Füße stellen!

Das andere biblische Bild, an das ich noch erinnern möchte, steht bei Ezechiel (28,1ff): Der Fürst von Tyrus baute sich seinen Wohnsitz mitten ins Meer und im Herzen glaubte er, wie Gott zu sein. Zunächst gab ihm die Erfahrung scheinbar recht, es gelang ihm wirklich alles. Aber dann wurde ihm gesagt: Du bist nicht Gott, du wirst stürzen und elend zugrunde gehen! Auch dieses Gleichnis scheint mir ein gewaltiges, warnendes Bild zu sein für uns Menschen, die wir Europa planen!"

Wieder ein anderer Redner führte den Gedanken weiter:

„Man denke doch an das besonders anschauliche Gleichnis Jesu: Ein Haus muss auf einem Felsen gebaut werden, nicht auf Sand, sonst wird es früher oder später wieder einstürzen! Dieser Felsen muss Gott sein! Von diesem ‚Felsengrund' reden die Psalmen oft und oft! Ein neues Europa, das nur an seiner Wirtschaft, seinem Wohlstand, seiner Technik arbeitet, steht auf Sand oder auf zerbrechlichen Ton-Fundamenten, es ist gleich, welches Bild wir uns wählen, man versteht es sehr gut!

Wir sind jetzt zusammengekommen und fragen nach den Felsenfundamenten, auf dem Europa – und eigentlich jedes Land – gebaut werden muss, damit es eine gute, neue Heimat für alle wird. Ich wiederhole: Ohne Gott wird uns das neue Europa nicht ‚nachhaltig' gelingen! Ja, ohne Gott müsste man mit dem Schlimmsten rechnen, ohne Gott würde früher oder später eine neue Tyrannei entstehen. Hat doch der große F. Dostojewski gesagt: ‚Wenn Gott nicht existiert, ist alles erlaubt!' Genau, so denken gottlose Herrscher und auch gottlose Parlamentarier! Wenn sich dieser Geist im neuen Europa wieder breit machen könnte, würde, verbunden mit einer neuen Ideologie des Teufels, wieder eine Tyrannei entstehen! Je mehr sich dann auch noch die an sich gute Technik entwickelt, desto mehr Mittel zur Unterdrückung würde sie verbrecherischen Politikern zur Verfügung stellen. Und dann wehe uns! Wenn man an all das denkt, was wir schon erlebt haben, ist es kaum möglich, nicht an die Realität des Teufels zu glauben, den Jesus Mörder von Anbeginn und Vater der Lüge genannt hat. Und der Teufel hat die Fähigkeit, seinen Pelz zu färben: Das tut er mit Hilfe der Lüge, deren Meister er ja ist! Er war rot und er war braun, er wird sich eine andere neue Farbe zulegen, wenn wir nicht wachsam sind!"

Alle nickten und schwiegen, erschüttert und nachdenklich, in Erinnerung an das Erlebte, einige Minuten. Dann meldete sich ein Anderer zu Wort und sagte:

„Ja, das ist alles richtig! Gerade deswegen ist es jetzt wichtig, dass wir, alle Menschen, nicht nur diejenigen, die an Gott glauben, einladen, mit der Vernunft zu entdecken und zu benennen, was die neue, gerechte und freie Gesellschaft braucht. Übrigens, der Schweizer Heilige Nikolaus von der Flue hat die Vernunft die ‚größte Gabe Gottes an den Menschen' genannt! Mir fällt dazu eine chinesische Weisheit ein: Der große Konfuzius wurde gefragt was er als Erstes zu tun gedächte, wenn ihm die Macht im Staat übertragen werden sollte. Er antwortete: ‚Man möge den Worten ihren Sinn wiedergeben und dulde keine Verdrehungen!' Wenn wir uns alle erinnern, wie Stalin und Hitler die Menschen mit verdrehten Begriffen verführt haben, kann man diesem Wort des Konfuzius nur zustimmen! Wir werden aufpassen müssen, dass der Geist einer ‚gesunden Vernunft', wie es Thomas von Aquin nannte, der Geist einer Vernunft des Hausverstandes, wie wir sagen, niemals verloren geht!"

Wiederum nickten alle, einige nannten Beispiele aus der bösen Vergangenheit wie „Gewissen, eine jüdische Erfindung" oder „Gut ist, was dem Staat nützt" oder auch „Herrenvolk" und „Untermensch"!

Nach einer kurzen Pause meldete sich der nächste Redner und sagte:

„Dazu brauchen wir vor allem auch die freie Meinungsäußerung und keine politische Sprachregelungen, die uns vorschreiben, wie wir denken, reden und schreiben müssen! Um nur einige Namen zu nennen: In Deutschland gründete Fritz Gerlich nach seiner Konversion zur katholischen Kirche die Zeitung ‚Der gerade Weg', und machte diese zum Instrument des Kampfes gegen die braune Ideologie. Ähnlich Dietrich von Hildebrand in Österreich.

Er bestimmte den Kurs der Zeitung ‚Der christliche Ständestaat', die er im Auftrag der Regierung unter Kanzler Dollfuß herausgab, als Kampfblatt gegen Hitler. In Wien lebte auch die Katholikin Irene Harand, die, finanziert von einem jüdischen Anwalt, ihr Anti-Hitler-Buch ‚Sein Kampf' herausbrachte und damit viele Leute zum Denken brachte!

Irene Harand konnte in letzter Minute nach Amerika fliehen, auch Hildebrand entkam dem Mordbefehl Hitlers, Fritz Gerlich aber brachten die Schergen nach Dachau und dort ermordeten sie ihn! Ich erinnere an diese Zeugen der Wahrheit und geistigen Freiheit. Denn auch in freien Ländern kann es schwierig sein und viel Mut brauchen, um offen zu reden und die Freiheit zu bewahren!

Ich möchte diesen Gedanken durch eine kleine, wahre Geschichte veranschaulichen: Tierschützer hatten beobachtet, wie ein Walfisch unter das Antarkits-Eis geraten war, den Rückweg nicht mehr fand und nur noch ein Loch hatte, um Luft zu holen. Das Tier überlebte nur, wenn es immer wieder auftauchte und damit das Loch offen hielt! Die Tierschützer sägten dann eine Rinne und der Walfisch konnte das freie Meer wieder erreichen. So ähnlich, scheint mir, ist es auch mit der Freiheit: Wir müssen das ‚Atemloch der Freiheit' offenhalten, dürfen nicht zulassen, dass es ‚zufriert'. Freiheit, deren man sich nicht mehr bedient, erstickt, geht verloren!"

Der, der eben die Geschichte vom Walfisch unter dem Eis erzählt hatte, ergriff nochmals das Wort: „Verzeiht mir, ich möchte ergänzen: In unserer christlichen Tradition hat bereits Papst Gregor der Große (540 in Rom) gesagt; ‚Schweigen kann eine schwere Sünde sein', gerade auch bei Königen und Bischöfen! Heute müsste man wohl hinzufügen: Und auch das Schweigen und Vertuschen der Wahrheit in den Medien ist Sünde, schwere Sünde!"

Ein weiterer Redner erinnerte:

„Freunde, wir alle sind Europäer und kennen die griechische Sage von Laokoon: Vergeblich versuchte er, die Trojaner davon abzuhalten, das berühmte trojanische Pferd in die Stadt zu bringen. Aber die Begeisterung der Leute übertönte seine Stimme! Und so war es schon oft in der Geschichte nicht nur Europas: Wohlleben störende Warnungen haben die Menschen schon oft in den Wind geschlagen! Oft verhalten sich die Menschen wie Touristen, die einen Tsunami kommen sehen, ihn aber für ein interessantes Ereignis ansehen statt zu fliehen! Und wenn wir heute schon so oft die Bibel zitiert haben, erinnere ich auch noch an das Wort des Propheten Jesaja (6,9-10): ‚Geh und sag diesem Volk: Hören sollt ihr, hören, aber nicht verstehen. Sehen sollt ihr, sehen, aber nicht erkennen. Verhärte das Herz dieses Volkes, verstopf ihm die Ohren, verkleb ihm die Augen, damit es mit seinen Augen nicht sieht und mit seinen Ohren nicht hört, damit sein Herz nicht zur Einsicht kommt und sich nicht bekehrt und nicht geheilt wird!'

Damit will ich sagen: Wir brauchen die Tugend der Wachsamkeit und die Tugend des Mutes, auch unbequeme Wahrheiten auszusprechen."

Dann stand der letzte Redner dieses Tages auf:

„Liebe Freunde, ich hatte einen Traum heute Nacht, anders als Träume zu sein pflegen. Ich erzähle ihn Euch einfach, seht zu, was ihr damit anfangen könnt, ich sage nur, dass ich ihn für einen Wahrtraum halte, für eine Vision, die Gott mir schenkte wie auch manchen Menschen in früheren Zeiten. Ich komme mir jetzt dabei vor wie der Prophet ‚mit geschlossenem Auge', der über den kommenden Messias weissagte (Num 24,17f): ‚Ich sehe ihn, aber nicht jetzt, ich erblicke ihn, aber nicht in der Nähe: Ein Stern geht in Jakob auf, ein Zepter erhebt sich in Israel.' Verzeiht mir, ich halte mich nicht für einen Propheten, aber mein Traum erinnerte mich an diese geheimnisvolle Prophezeiung im Alten Testament. Das nun war mein Traum: Ich sah einen weiß gekleideten Mann, es muss wohl ein Papst sein, im deutschen Parlament ans Rednerpult treten. Er wolle, sagte er, über die Grundlagen des freiheitlichen Rechtsstaates sprechen. Ihr wisst ja alle, das ist es, was auch wir heute in dieser Versammlung suchen, die Fundamente, die ein Staat haben muss, damit es in ihm gerecht zugeht und die Menschen in Freiheit leben können! In meinem Traum sagte der Papst sinngemäß: Wir müssen die Weisheit Gottes in Seiner Schöpfung wieder entdecken und dies bedeutet vor allem die Anerkennung jenes Rechtes, das nicht von Mehrheiten im Parlament oder von einem König gemacht werden kann, sondern das von Gott kommt, in der geschaffenen Natur begründet ist und mit der unserer Natur eigenen Vernunft erkannt werden kann. Man könnte auch mit Paulus sagen: Es ist das Recht, das Gott ins Herz jedes Menschen geschrieben hat. Man muss es nur lesen und vor allem lesen wollen. Man nennt es Naturrecht und das haben schon die Römer entdeckt.

Liebe Freunde, auch wenn manche denken, mein Traum sei nur ein Traum wie ein anderer auch, so werdet ihr mir recht geben, wenn ich sage: Vielleicht, aber der Inhalt des Traumes ist genau das, was wir hier und in dieser Stunde suchen."

Dann fuhr der Redner fort:

„Übrigens, in meinem Traum gingen viele Abgeordnete zornig den Kopf schüttelnd aus dem Saal. Das macht mir Angst, denn das könnte heißen: In Zukunft wird es unter den Verantwortlichen im Staat viele geben, die nicht zuhören wollen! Aber Otto von Habsburg, hier unter uns, hat es einmal das ‚heilige Naturrecht' genannt, das den Bürger schützt!"

Alle klatschten! Die Anwesenden begannen miteinander zu reden und sich in kleine Gruppen aufzulösen!

Dann bat einer, der auch bisher die Konferenz leitete, um Ruhe und sagte:

„Es ist spät geworden, wir müssen für heute wohl bald enden. Darum erlaubt mir eine Art Zusammenfassung:

Als Jesus vor Pilatus stand und sagte: ‚Ich bin in die Welt gekommen, um für die Wahrheit Zeugnis abzulegen' antwortete Pilatus spöttisch ‚Was ist Wahrheit?' (Joh18,37). Ich sehe die vielleicht größte Gefahr für unser neues Europa darin, wenn die Menschen anfangen, wie Pilatus die Möglichkeit echter Wahrheit zu bestreiten, heute nennt man das Relativismus! Denn damit bricht ihr geistiges Immunsystem gegen irgendeine neue Ideologie des Bösen zusammen. So gingen mit der Wahrheit auch Gerechtigkeit und Freiheit verloren. Das Wort Jesu, das die Wahrheit uns frei mache, heißt doch auch: Ohne Wahrheit keine Gerechtigkeit und darum auch keine Freiheit!

Mir scheint, wir haben jetzt viel geredet und uns wichtige Geschichten und Träume erzählt. Morgen sollten wir noch besprechen, wie es weitergeht. Ich dachte, wir könnten reden über eine Art Wallfahrt auf die vier ‚Hügel', von denen her Europa erbaut wurde. Ich denke an den Berg Horeb auf dem Sinai, auf dem Gott seine Gebote gab, an den Areopag in Athen, den Geburtsort der großen Sehnsucht nach Wahrheit und Vernunft, an das Kapitol in Rom, der Ort des Rechtes und der Ordnung und an das Heilige Land, in dem Gott sichtbar wurde im Gesicht eines Menschen, der unter uns lebte und für uns starb!

An jedem dieser Orte sollten wir anhalten und weiter über Europa sprechen!

Es ist spät geworden. Für heute sei es genug. Wir sollten noch ein Glas Wein trinken, da wir in Europa ja in vielen Ländern köstliche Weine haben, dann miteinander ein Abendgebet sprechen und schlafen gehen! Hoffentlich schenkt uns der Herr des Himmels gute Träume über unser geliebtes Europa, deren Verwirklichung wir weiter planen können – mit Vernunft und Gottes Hilfe."

Zivilcourage

Hellmut Laun, So bin ich Gott begegnet

Damals hatte ich einen Freundeskreis, in dem alle liberal dachten und entsprechend lebten: Ohne Kirche und Gott war für fast alle von uns ein Begriff, über den wir nicht nachdachten und nicht ernst nahmen. Da wurde gemeldet, es käme der Maler Kern, einer unserer Runde, aus England zurück, der genauso dachte wie wir alle, aber er sei katholisch geworden. Ich kannte ihn noch nicht, stellte mir aber bei dieser Meldung einen mittelalterlichen Finsterling vor oder doch einen Fanatiker, der überhaupt nicht in unseren Kreis passen konnte. Der Gedanke, dass Christus eine besondere Bedeutung für uns Menschen habe könnte, beschäftigte mich zwar schon seit einiger Zeit, aber ich dachte dabei nicht an die katholische Kirche. Den römischen Papst als seinen Stellvertreter auf Erden anzuerkennen, das schien mir ganz außerhalb jeder Möglichkeit zu liegen.

Eines Tages erschien also der Maler Kern wirklich! Er war sichtlich sehr arm, entsprach aber sonst in keiner Weise dem Bild, das ich mir von ihm gemacht hatte. Er war ein fröhlicher Mensch, hatte viel Humor und wusste interessant von seinen Erlebnissen im Ausland zu erzählen. Er tauchte nun regelmäßig auf und bekam immer besonders große Schnitzel vorgesetzt, weil er sich an den übrigen Wochentagen offenbar nur selten ganz sattessen konnte. Gleich an einem der ersten Abende geschah es, dass er vor dem Essen ein großes Kreuzzeichen schlug und kurz im Stillen betete. Nicht etwa aufdringlich oder gar provokant, aber auch ohne Scheu vor den etwa zehn Personen, die um den Tisch herum saßen. Ich sah, dass ihn einige beobachtet hatten und einander vielsagend anblickten. Ich selbst war sprachlos, weniger über den Vorgang selbst, als über die Zivilcourage, etwas so Auffallendes zu tun. Es konnte nicht ausbleiben, dass es von nun an immer öfter auch religiöse Gespräche gab. Dabei fiel mir auf, dass Kern seinen Glauben ganz ohne Fanatismus mit klaren, einleuchtenden Argumenten verteidigte. Ein anderer unseres Kreises, der sich als Atheist bekannte und früher in der Runde bei solchen Gesprächen das große Wort führte, verlor sichtlich an Boden, die Überzeugungskraft seiner Argumente verblasste und ich begann aufzuhorchen.

Tiergeschichten

Der Junge und seine Krebse

Tausende kleine Krebse hatte das Meer ans Ufer gespült und sie konnten nicht zurück ins Wasser, bewegten sich nur noch langsam und ihr Tod war nur noch eine Frage der Zeit. Es war abzusehen, wann sie sich nicht mehr bewegen würden, vertrocknet in der erbarmungslosen Hitze der Sonne.

Ein kleiner Junge allerdings ging den Strand entlang und bückte sich immer wieder nach einem der Krebse, nahm und warf ihn mit Schwung ins Meer zurück. Dabei schaute er ihm nach und freute sich zu sehen, wie das Wasser beim Eintauchen des Krebses aufspritzte.

Ein Mann beobachtete den Jungen einige Minuten lang, dann lachte er und ging zu ihm hin. Gönnerhaft sagte er: „Was machst Du da, du kannst ja doch nicht alle retten, es sind Tausende, du kannst nicht allen helfen!“ Der Junge hielt kurz inne, dann griff er wieder nach einem Krebs und warf das Tier ins Meer. Nun wandte er sich dem Mann zu. Er zeigte hinaus auf die Stelle, wo der Krebs gerade eingetaucht war, und sagte: „Ja, Sie haben recht, alle kann ich nicht retten, aber dem hat es geholfen!“ Er bückte sich wieder und setzte seine Rettungsaktion fort.

Der Fisch, der aus dem Wasser sprang

Es war einmal ein junger Fisch, der an einem herrlichen Riff lebte, zusammen mit vielen anderen Fischen, die ebenso glücklich waren wie er. Das Wasser war klar bis zum Grund und wenn die Sonne schien, leuchteten die Fische in wunderbaren Farben. Gefahren gab es fast keine, außer wenn einer der Wirbelwinde aufkam, die es in dieser Gegend immer wieder gab. Denn wenn sich dann ein Fisch der Wasseroberfläche zu sehr näherte, konnte es geschehen, dass ihn das schäumende, in sich kreisende Wasser hochriss, der Sturm ihn weit weg trug und irgendwo in einer fremden Gegend wieder fallen ließ. Der Weg zurück war oft mühsam, solange der Fisch ins Wasser zurückfiel! Dann konnte man noch von Glück sprechen! Denn wenn der Wind seine Beute erst über dem Land wieder freigab, was immer wieder vorkam, gab es keine Rettung mehr, und so mancher vorwitzige Fisch war auf diese Weise elend zugrunde gegangen. So jedenfalls erzählten es die alten Fische, die schon viel erlebt hatten.

Auch der Fisch, von dem diese Geschichte erzählt, hatte von der genannten Gefahr schon oft gehört, er wusste darum und zog sich, wie alle anderen Fische auch, immer, wenn ein Sturm aufkam, in tiefere Schichten des Wassers zurück. Allerdings, zugleich kitzelte ihn oft genug auch die Neugier, wie es denn „dort oben“ eigentlich sei. Seine Eltern sagten zwar, ein Fisch würde dort unweigerlich sterben, aber, dachte er, wer weiß, ob das wirklich stimmt? Manchmal schon hatte er versucht, sich aus dem Wasser zu schnellen und mit seinen Augen möglichst viel zu erhaschen von dieser anderen, fremden Welt. Aber natürlich war ein solcher Ausflug immer nur kurz, er fiel ja doch in das ihm vertraute Element sofort wieder zurück. Eine Gefahr hatte er dabei nie bemerkt. So blieben die Fragen des Fisches offen, seine Träume und seine Sehnsucht unerfüllt. Eines Tages kam wieder Sturm auf. Unser junger Fisch war an diesem Tag sehr unglücklich, weil man ihn nicht beachtet und in einer beleidigenden Weise übergangen hatte. Zuletzt war er tief gekränkt fortgeschwommen. Aufgebracht wie er war, überließ er sich absichtlich der immer stärker werdenden Unruhe des Wassers und ließ sich nach oben treiben. Da kam ihm der Gedanke, die Oberfläche des Wassers mit Hilfe des Sturmes zu durchbrechen. Dann, ja dann würde er den anderen schon zeigen, wer er eigentlich war, und sie müssten ihn bewundern! Trotzig schwamm er jetzt bewusst nach oben in das schäumende Wasser der Wellen, das ihm mehr und mehr die Sicht raubte. Natürlich hatte er auch Angst und eine innere Stimme warnte ihn. Er aber schob alle Bedenken beiseite und redete sich ein, dass die Gefahr nicht so groß sein könne, wie von den alten Fischen immer behauptet wurde, die eben ängstlich waren und keinen Mut hatten, so wie er! Außerdem: War er nicht immer

wieder ins Wasser zurückgefallen, wenn er mit dem Sturm gespielt hatte!

Als ihn jetzt aber der Wirbel voll erfasste, war es zu spät. Seine Flossen, auf deren Kraft er sich immer so viel eingebildet hatte, waren machtlos, und sein Körper wurde mitgeschwemmt wie ein kleines, steifes Stück Holz. Plötzlich spürte er eine rasende Bewegung nach oben, panische Angst raubte ihm fast die Sinne, aber er konnte nichts mehr tun und nichts mehr an seinem Schicksal ändern: Die entfesselte Kraft der Sturmes trug ihn davon, weit hinein ins Land und erst dort begann der Wind nachzulassen. Der unglückliche Fisch stürzte und stürzte, bis er irgendwo aufschlug und das Bewusstsein gänzlich verlor.

Aber er hatte Glück im Unglück: Zwar fiel er in eine felsige, dürre Gegend und wäre dort unfehlbar verendet. Aber mit dem Fisch hatte der Sturm auch Wasser getragen, und dieses füllte die kleine Mulde, in die der Fisch gefallen war. Es war zwar unmöglich, sich zu bewegen, und von Schwimmen konnte keine Rede sein, aber immerhin – er lebte.

Da die Küste des Landes, in das der Fisch auf diese eigenartige Weise gekommen war, steil zum Meer abstürzte und zerklüftete Felsen den Zugang zum Wasser äußerst gefährlich machten, war der Fischfang bei den Menschen jener Gegend unbekannt, ja, die Menschen wussten über Fische kaum Bescheid. Nur wenn sie in einem der Wasserlöcher, die durch unterirdische Höhlen vom Meer her mit Wasser gespeist wurden, zufällig einen Fisch entdeckten und ihn fangen konnten, ließen sie ihre Fachleute kommen, die das fremde Tier dann nach allen Regeln ihrer Kunst zu untersuchen pflegten. Daher galten sie als Fachleute, aber was sie wirklich von Fischen verstanden hatten, wusste niemand. Dass man einen Fisch fand, kam selten vor, zumal man es vermied, den gefährlichen Wasserlöchern zu nahe zu kommen.

Der kleine Fisch hatte Glück! Zufällig entdeckte ihn ein Bewohner des Landes in der kleinen Wassermulde, in der er zappelte und um sein Leben kämpfte.

Der Mann hatte noch nie einen Fisch gesehen und war sehr aufgeregt. Nachdem seine erste Neugier gestillt war, prägte er sich den Fundort ein und eilte in die Stadt, um die zuständigen Behörden zu verständigen.

Inzwischen lag der Fisch in seiner Pfütze. Von Zeit zu Zeit zappelte er und versuchte sich hochzuschnellen. Ja einmal hatte er auf diese Weise sogar das Wasser verlassen und nur, weil er sich in seiner Todesangst wie wild hin und her geworfen hatte, gelangte er nochmals in die Wassermulde! Jetzt war er zwar dankbar für das wenige Wasser, das ihn nun ein zweites Mal rettete, aber er begann zugleich, die Hoffnungslosigkeit seiner Lage zu begreifen. Tiefste Verzweiflung bemächtigte sich seiner, mit brennender Sehnsucht dachte er an sein Riff, an all seine Freunde und das herrliche, endlose Wasser dort. Aber ihm war klar, dass er das alles und die anderen Fische wohl nie, nie mehr sehen würde!

Es dauerte nicht lange, da kam eine Delegation zum Fundort des Fisches. Tierärzte, Verhaltensforscher, Psychologen, Dompteure und Leute, die die Fischsammlung im Museum betreuten und sich deswegen für Fachleute hielten, waren herbeigeholt worden. Jetzt fotografierten und untersuchten sie das Gelände, vermaßen die Länge des Fisches und begannen, über sein merkwürdiges Zappeln zu diskutieren. Ein Schafhirte meinte, das Tier sei wohl nur hungrig, während ein anderer behauptete, die Flossen seien Missbildungen und sollten am besten abgeschnitten werden. Währenddessen versuchte ein Apotheker, dem Fisch kurzerhand ein Beruhigungsmittel ins Maul zu stopfen. Auf den Vorschlag eines anderen selbst ernannten Fachmannes hin legte man dem unglücklichen Fisch eine Schiene an, gedacht als orthopädisches Korsett gegen sein Zappeln, das den Leuten krankhaft zu sein schien.

So probierte man das eine und das andere Mittel aus, aber nichts schien zu helfen. Im Gegenteil, die Zeit verging, und dem armen Tier ging es immer schlechter und schlechter, zumal das Wasser in der Mulde langsam, aber doch merkbar weniger wurde. Die Todesangst des kleinen Fisches wuchs ins Unermessliche. Da es inzwischen schon spät geworden war, beschloss die wissenschaftliche Delegation, die Beratungen zu vertagen und alle gingen heim. Nur der Fisch, dem all die gutgemeinten, aber falschen Maßnahmen nur zusätzliche Schmerzen verursacht hatten, blieb allein in seiner verzweifelten Lage zurück.

Doch es stellte sich bald heraus, dass er doch nicht ganz so einsam war. Denn einige Kinder aus der Umgebung schlichen noch immer um den Fisch herum und hatten Mitleid mit ihm. Beim Zuschauen, was die großen Leute mit dem Fisch alles machten, hatten sie ein tiefes Unbehagen empfunden. Jetzt standen sie um ihren kleinen Freund – als solchen empfanden sie ihn schon – herum und setzten auf ihre Weise die Beratungen der Erwachsenen fort. Da auch sie nicht wussten, was man tun könnte, liefen sie zu ihrem Freund, einem alten Mann, der ziemlich einsam in einer nahe gelegenen Hütte lebte. Die Leute von der Stadt misstrauten ihm und wollten mit ihm nichts zu tun haben. Aber die Kinder liebten ihn. Er hatte ihnen schon viele wunderbare Geschichten erzählt und sie gelehrt, die Geheimnisse der Natur zu entdecken. Atemlos kamen sie nun zu ihm und sprudelten heraus, was geschehen war. Es dauerte eine Weile, bis der alte Mann alles verstanden hatte. Gerührt über ihr Mitleid mit dem armen Tier beeilte er sich, ihnen zu erklären: „Das Tier, das ihr gefunden habt, ist ein Fisch. Er ist geschaffen für das Wasser. Nur dort kann er leben und sich bewegen, nur dort ist er glücklich. Bringt ihn zurück ins Wasser“, sagte der alte Mann, der gerne mitgegangen wäre, aber schon gehbehindert war und vor allem im felsigen Gelände nicht mehr gehen konnte!

Da die Kinder oft in dieser Gegend spielten, kannten sie auch alle Felsen, Sträucher und jene unheimlichen, dunklen Höhlen, in denen im Rhythmus von Flut und Ebbe tief unten das Wasser gluckste. Aber sie verstanden: Dieses Wasser, das ihnen so unheimlich vorkam, war die Rettung für ihren Fisch. Schnell liefen sie zurück, ein Kind holte einen kleinen Kübel mit Wasser, ein Junge löste inzwischen vorsichtig die Schnüre, mit denen man den Fisch an die Schiene gebunden hatte, und schließlich legte ein drittes das fast schon besinnungslose Tier vorsichtig in den Kübel. Dann lief die ganze Schar mit ihrem Fisch zum Wasserloch. Vorsichtig, geradezu feierlich kippten sie den kleinen Kübel um und schauten zu, wie der Fisch ins Wasser glitt. Sie waren stolz und glücklich, dem Fisch das Leben retten zu können, aber auch traurig, dass sie ihn schon wieder hergeben mussten. Plumps, da lag der Fisch im Wasser und schneller, als es seinen kleinen Wohltätern lieb war, entschwand er ihren Augen.

Mit unbeschreiblicher Freude schwamm er davon! Freilich, er spürte noch die Folgen der Untersuchungen. Besonders schmerzte ihn eine Flosse, an der einer der Wissenschaftler gezupft hatte, ohne dass der Herr selbst genau gewusst hätte, welche Erkenntnis oder Hilfe für den Fisch er sich davon versprochen hatte. Aber diese Schmerzen nahm der Fisch jetzt gerne auf sich. Er war frei und wieder in der unermesslichen Weite des Meeres. Er begriff sein unglaubliches Glück! Mit tiefer Rührung dachte er an die Kinder! Sogar wenn er die rettende Höhle gekannt hätte, kein noch so gewaltiger Flossenschlag hätte ihn dorthin und ins Wasser bringen können! In tiefer, nie gekannter Dankbarkeit schwamm und schwamm er die gewaltigen Felsen entlang, die er ja alle kannte. Da sah er auch schon die anderen Fische. Kaum hatten sie ihn entdeckt, schoss der ganze Schwarm auf ihn zu und umkreiste ihn in unbändiger Freude.

Dass er jemals Sehnsucht nach der Welt außerhalb des Meeres gehabt hatte – wie war das möglich? Er konnte sich selbst nicht mehr verstehen. Aber es war auch nicht mehr wichtig. Ein tiefes Gefühl der Dankbarkeit beherrschte ihn und vermischte sich in seinem Herzen mit einem nie gekannten Glück. Das kristallklare Wasser umgab ihn, wunderbare Farben leuchteten von überall her und die unergründliche Tiefe des Meeres zog ihn an. Es war, als ob das ganze Wasser sich über seine Rückkehr freute und sie feiern wollte. Er schwamm und schwamm und konnte sich an der Herrlichkeit des Meeres nicht satt sehen. Ihm war, als gäbe es nur noch Seligkeit, seine Eltern, seine Freunde, das unermessliche Meer, nur noch Glück.

Der Adler, der ein Huhn war

Autor unbekannt
nacherzählt und erweitert von + Andreas Laun

Es war einmal ein Mann, der einen jungen Adler fing. Zuerst wusste er nicht recht, was er mit dem Vogel machen sollte, aber dann dachte er sich: Er ist noch so jung und bildsam. Ich werde aus ihm ein Huhn machen. Er setzte ihn in den Hühnerstall und befestigte am Fuß des armen Tieres eine Kugel, damit er einerseits nicht wegfliegen konnte und andererseits nicht Hühner fressen konnte. Tagelang saß der Adler traurig in einer Ecke. Immer wieder versuchte er aufzufliegen, konnte aber nicht. Wenn ihm die Hühner zu nahe kamen, hieb er nach ihnen mit seinem starken Schnabel, aber da er sich ja kaum bewegen konnte, entkamen sie ihm immer wieder. Vom Hunger getrieben und vom Beispiel der Hühner geleitet, begann der unglückliche Adler schließlich doch, Körner zu picken wie ein Huhn! Die Zeit verging, der Adler verlor den Mut und nach und nach begann er wirklich, sich wie ein Huhn zu benehmen. Der Besitzer des Hühnerstalls war zufrieden und lachte in sich hinein: „Na also, jetzt hat er endlich vergessen, dass er ein Adler war und eigentlich noch ist, jetzt wird er nicht einmal mehr den Versuch machen zu fliehen.“ Wenn Besucher kamen, machte er sich ein Vergnügen daraus, ihnen sein eigenartiges Huhn zu zeigen: „Es war ein Adler, aber ich habe aus ihm ein Huhn gemacht, schaut nur her“, sagte er, warf ihm Körner hin und lachte verächtlich, wenn der Adler versuchte, sie mit seinem Schnabel, der für Körner so ungeeignet war, aufzupicken.

Eines Tages aber kam ein Fremder, sah den Adler unter den Hühnern und Mitleid erfasste ihn, wie wenn er auf der Straße ein angefahrenes Reh oder irgendein anderes verletztes Tier gefunden hätte! Zu dem Besitzer sagte er: „Das ist ja ein Adler!“ Aber dieser schüttelte nur den Kopf: „Das war einmal ein Adler, jetzt ist es ein Huhn.“ Der Fremde, der jetzt nicht nur Mitleid empfand, sondern Zorn über den Mann, der das prachtvolle Tier so gequält und verbildet hatte, beschwor den Mann, ihm den Adler doch zu verkaufen. Dieser wollte zuerst nicht, aber, da er auch geldgierig war, siegte schließlich die Verlockung der hohen Summe, die der Fremde ihm bot, und er willigte ein. Dies umso leichter, da er sehen wollte, ob der Adler zu seiner Natur zurückfinden würde. Dazu kam, dass ihm der Spaß mit dem seiner Natur entfremdeten, erniedrigten Adler schon ein wenig langweilig geworden war.

Behutsam befreite der Fremde den Adler von seiner Kette mit der Kugel und trug ihn aus dem Hühnerstall hinaus, weit weg von dem Ort seiner Gefangenschaft. Das Gegackere der Hühner war bald nicht mehr zu hören, der Fremde stieg mit dem Adler auf dem Arm einen Hügel hinauf. Oben angekommen setzte er ihn auf den Ast eines Baumes und sprach eindringlich zu ihm: „Breite deine Flügel aus,

du bist kein Huhn, sondern ein Adler!" Der große Vogel flatterte unruhig hin und her, dann aber ließ er sich zur Erde gleiten und begann wie ein Huhn, nach Körnern und Würmern zu suchen und die Erde aufzukratzen, ja er versuchte sogar irgendwie zu gackern.

Der Mann versuchte wieder und wieder, den Adler aus seiner Hühnerrolle zu befreien. Aber manchmal hackte der Vogel mit seinem scharfen Schnabel nach ihm, dessen Bemühungen dem Tier lästig zu sein schienen. Aber der Mann ließ auch dann nicht locker, als er schon ein wenig blutete und ersann immer neue Wege, um den Adler zu seinem Adlersein zurückzubringen.

Nachdem er schon alles Mögliche versucht hatte und es vergeblich zu sein schien, machte er einen letzten Versuch: Er trug den Adler auf einen hohen Berg, zeigte ihm die soeben über den Nebeln des Tales aufsteigende Sonne und rief beschwörend: „Du bist ein Adler, erkenne deine Würde – flieg"! Schon meinte er, auch dieser Versuch wäre umsonst gewesen, aber da ging ein leises Beben durch das wunderbare Tier. Unruhig drehte der Adler seinen Kopf hin und her und begann seine Flügel zu bewegen. Der Mann schupfte mit voller Kraft den Adler, der bis dahin schwer auf seinem Arm gelastet hatte, in die Luft. Da endlich breitete das Tier seine Flügel ganz aus und mit einem triumphierenden Schrei glitt er hinaus in die Weite der Bergwelt vor und unter ihm. Zunächst verlor er noch an Höhe, sank talwärts und man hätte meinen können, er würde jetzt abstürzen. Dann aber schien er sich zu besinnen und mit kraftvollen Schlägen seiner Flügel stieg er höher, immer höher der Sonne entgegen.

Der Fremde stand immer noch am Gipfel des Berges. Zwar hatte er sich noch nicht ganz von der Anstrengung, den großen Vogel auf den Berg zu tragen, erholt, aber jetzt war alle Mühe vergessen: Mit Tränen in den Augen schaute er dem Adler nach, solange es möglich war. Erst als der Adler im gleißenden Licht der Sonne unsichtbar geworden war, begann er den Abstieg. Aber den Schrei des Adlers, der wieder ein Adler geworden war, und das Bild seines Fluges in das Licht der Sonne hinein vergaß er nicht und ein Gefühl tiefer Dankbarkeit für das, was er hatte tun dürfen, durchflutete ihn – auch später noch, wenn er den Adler irgendwo fliegen sah. Und manchmal schien es sogar, als würde der Adler seinen Retter wiedererkennen und ihm danken wollen!

Nachwort: Vielleicht hätte Jesus die Geschichte als ein Gleichnis benützt, damit wir Ihn verstehen? Zum Beispiel so: Gott hat Mitleid mit uns, wenn wir nicht sind, was wir wirklich sind und sein sollten! Er bemüht sich, damit wir wie der Adler in der Geschichte aus dem Hühnerstall herauskommen und wieder fliegen lernen – eben wie ein Adler! Und was das für uns heißt, ein „Adler zu sein, der wie ein Huhn lebt“ – da vertraut er auf unsere Vernunft, dass wir das herausfinden!! Und die Kirche hilft uns dabei!

Der Hase – gerettet wider Willen

Den fangen wir", riefen die Jungen und versuchten, den Hasen einzukreisen

Was war geschehen? Während eines Sonntagausflugs entlang eines Hafenbeckens an der Donau, sprang plötzlich ein Hase auf und rannte davon. Der Jagdtrieb der Jungen erwachte und sie liefen ihm nach, natürlich vergebens. Aber in seiner Angst sprang das Tier, sich seiner Überlegenheit, die es im Laufen und Hakenschlagen ja besaß, nicht bewusst, in das Hafenbecken, in dem, etwa drei oder vier Meter weiter unten, das Wasser gluckerte, und schwamm ziellos drauf los, nur weg! Seine jugendlichen Verfolger begriffen mit einem Blick, dass der Hase verloren war: Wohin immer er schwimmen würde, nirgends konnte er zurück ans Land, senkrechte Betonwände machten das Becken für den Hasen zur Todesfalle, die Metallleitern waren für Menschen gemacht, für Tiere unnütz. Den Jungen begann der Hasen leidzutun, aber wie sie ihm helfen könnten, wussten sie nicht! Aber da war doch Hilfe: Ihr

Erzieher, ein Priester, ein guter Schwimmer und bärenstark, war auch dabei und er zögerte nicht und sprang nur noch mit der Hose bekleidet dem Hasen nach ins kalte Wasser!

Die Rettungsaktion erwies sich als allerdings als schwieriger als gedacht! Abgesehen davon, dass der Hase schon weit geschwommen und das Wasser sehr kalt war: Der Hase meinte jetzt erst recht, er müsse um sein Leben schwimmen und kämpfen! Als ihn der Mann endlich eingeholt hatte und nach ihm griff, wehrte er sich verzweifelt. So traten die beiden ungleichen Schwimmer einen höchst mühsamen Rückweg an: Der Mann hielt mit einer Hand das strampelnde Tier fest, versuchte, nicht ganz zerkratzt zu werden und musste zugleich darauf achten, den Hasen nicht versehentlich unter Wasser zu drücken. Mit dem anderen Arm schwamm er mühsam zurück. Erschöpft erreichten so beide, Mann und Hase, die Leiter. An ihr hochzuklettern, mit einer Hand an der Leiter, mit der anderen den Hasen am Genick festhaltend, war nochmals eine athletische Leistung! Sprosse um Sprosse turnte der Mann, jetzt schon schwer atmend, so nach oben, und erreichte den Rand des Beckens. Der Mann ließ den Hasen los, dieser sauste über die Wiesen davon, ohne das geringste Zeichen von Dankbarkeit, und verschwand im Gebüsch. Alle waren glücklich, der Priester war wieder da, der Hase gerettet. Dieser Sonntags-Ausflug bekam das Prädikat super!

Nachsatz: „Die Moral aus der Geschichte“? Menschen benehmen sich gegenüber Gott oft wie der Hase und Gott zu uns wie der Retter des Hasen! Erst glauben viele Menschen, sie könnten sich allein retten, dann, schwimmen und rennen sie weg und halten den, der ihnen helfen will, für ihren Feind!

Nur ein Frosch – mit Würde!

Ein Frosch ist kein Mensch, darum hat er auch keine „Menschenrechte"! Aber auch er ist ein Geschöpf Gottes und so hat er auf seine Froschnatur hin auch eine Froschwürde und ein kleines Froschrecht auf Achtung! Der Mensch hat seinen Verstand nicht nur bekommen, über die Tiere zu herrschen, sondern auch dazu, Gottes Weisheit in ihnen zu erkennen und nicht nur Antwort auf seine Frage, wozu sie ihm, dem Menschen, nützen könnten! Aber, und das zeigt die folgende, wahre Geschichte, ein Frosch kann mithelfen, dass Menschen klüger werden, und das war so:

Bei der Reinigung eines Teiches stand ein Arbeiter im Schlamm, griff hinein und warf dann etwas hinaus und an eine Mauer. Die Besitzerin des Teiches, die die Arbeiten gerade beobachtete, fragte: „Was war das, was Sie hinausgeworfen haben?" und dieser antwortete: „Nur ein Frosch!" und wollte weitermachen, aber die Frau unterbrach ihn und verwickelte ihn in ein Gespräch. Sie sagte: „Auch ein Frosch lebt, auch ein solches Lebewesen sollte man nicht so behandeln, wie Sie das machen!“ Der Mann wurde verlegen, dann aber verteidigte er sich: „Mich hat auch noch nie jemand gut behandelt!“ Und dann erzählte er: Sein jähzorniger Vater hatte die Mutter, eine Alkoholikerin, umgebracht und dann sich selbst. Er selbst, der Arbeiter, war noch ein kleines Kind, als das geschah, und wurde einer Bauern-Familie zur Pflege übergeben. Aber gut war das nicht, er musste im Stall schlafen und der Bauer missbrauchte ihn. Beklagte er sich bei der kontrollierenden Sozialarbeiterin, hieß es: „Du lügst ja immer!“ und niemand glaubte ihm. Größer und stärker geworden, wurde er gewalttätig und so kam er eines Tages ins Gefängnis. Jetzt hatte er seine Strafe verbüßt und zur Wiedereingliederung in die Gesellschaft hatte man ihm den Arbeitsplatz zugewiesen, wo er jetzt war, und da hatte er eben auch Arbeiten wie Teichreinigung zu verrichten! Und, so erzählte er weiter, auch jetzt wurde er schlecht behandelt und schlecht bezahlt! Die Frau glaubte ihm unter anderem, weil sie sah, wie schlecht ausgerüstet er zur Arbeit geschickt worden war, sie gab ihm und seinem Kollegen zu essen, gab ihnen trockene Socken und kochte, als die längst durchnässten Männer zu frieren begannen, heißen Tee. Zum Abschluss steckte sie beiden jungen Männern noch einen Geldschein zu! Als sie fertig waren, sagte der junge Mann zu ihr: „Jetzt werde ich nie mehr sagen, dass mich niemand gut behandelt hat. Sie haben mich gut behandelt!“

Wer weiß, wie sein Leben weitergehen wird, ein Keim der Hoffnung liegt in dieser kleinen Geschichte, die mit einem Frosch und seiner kleinen „Froschwürde als Geschöpf Gottes“ begonnen hat. Gut, dass Gott Frösche erschaffen hat! Das war gut, hat Gott selbst gesagt!

Die Strichlösung – ein trauriges, wahres Märchen

Damals, vor langer, langer Zeit, als ein Wolf zum ersten Mal ein Schaf schlug und auffraß, waren die Schafe bestürzt und ratlos: Was sollten sie tun? Da alle Versuche, sich mit den Wölfen zu verständigen, fehlschlugen, errichteten die Schafe Zäune, bewehrt mit Stacheldraht. Diese waren zwar kein vollwertiger Schutz, den Wölfen gelang es immer wieder durchzuschlüpfen, aber sie hatten Mühe dabei, manchmal verletzten sie sich oder mussten überhaupt aufgeben.

Besonders gefährdet waren die ganz kleinen Schafe, die sich weder wehren noch um Hilfe rufen konnten. Zwar war auch ihr Weideplatz eingezäunt, aber die Wölfe zwängten sich, ungeachtet ihrer Verletzungen, durch die Drähte, wo immer diese auch nur ein klein wenig locker waren. Kurz gesagt: Der Zaun verhinderte zwar das Schlimmste, aber trotz allem wurde so manches kleine Schaf Beute der Wölfe und gefressen. „Dies müssen wir in Kauf nehmen, aber wir dürfen nicht nachlässig werden“, sagten die Schafe und fuhren fort, die Zäune zu erneuern und zu verbessern. Eines Tages aber kam eine Delegation der Wölfe zu den Ratsherrn der Schafe, bat um ein Gespräch und unterbreitete folgenden Vorschlag:

„Wir verstehen euch sehr gut und wir wollen euer Schafsrecht auf ein ungestörtes Leben auch achten.“ Bei diesem Satz ging ein aufgeregtes Raunen durch die Menge der Schafe. Der Sprecher der Wölfe machte eine Pause, und als sich das Gemurmel gelegt hatte, fuhr er fort: „Aber, ihr müsst auch uns verstehen, uns quält der Hunger. Wie man es auch dreht und wendet, der Zaun, mit dem ihr eure Jungen umgeben habt, ist für uns unannehmbar. Wozu dieser Zaun? Ihr werdet doch nicht behaupten wollen, dass diese kleinen Lebewesen schon richtige Schafe sind, oder? Richtige Schafe seid doch nur ihr, die großen, starken Schafe“, sagte der Wolf lauernd und verbeugte sich, als wollte er damit seine Ehrerbietung vor der Schafswürde zum Ausdruck bringen. Stimmen unter den Schafen wurden laut: „Seht nur, die Wölfe sind keine schlechten Tiere. Sie haben eine hohe Meinung von uns!“ Der Wolf fuhr fort, diesmal mit einer weinerlichen Stimme: „Immer wieder kommt es vor, dass sich einer der Unseren verletzt an eurem Zaun und das könnt ihr doch nicht wollen?!“ Der Wolf gab ein Zeichen, daraufhin humpelte in die Mitte des Platzes ein Wolf, der vor einiger Zeit im Zaun hängen geblieben und sich verletzt hatte. „Ihr seht selbst“, rief der Wolf pathetisch, „eure Zäune sind ein feindseliger, Wölfe diskriminierender Akt. Wollt ihr Wölfe verletzen?“ Dabei fletschte er die Zähne, was bei den Schafen Angst und schlimme Erinnerungen hochkommen ließ. Die Schafe schämten sich: „Wir wollen doch den Wölfen nicht wehtun! Wölfe sind anders, man muss sie verstehen, sie müssen doch selbst entscheiden, was sie tun", sagten einige Schafe und machten sich selbst Vorwürfe dafür, jemals etwas so Gemeines, Wölfe-Feindliches wie einen Stacheldraht-Zaun errichtet zu haben.

Der Wolf spürte, dass sich die Stimmung zu seinen Gunsten gedreht hatte und fuhr fort: „Frieden wollen wir doch alle, oder nicht? Aber wie kann jemals zwischen euch und uns Friede herrschen, wenn ihr uns so behandelt? Außerdem solltet ihr bedenken: Was nützen eure Zäune? Wenn ein Wolf Hunger hat, wird er ihn so oder so überwinden!" Der Wolf legte eine Pause ein und ließ den verblüfften Schafen Zeit, ihren verwirrten Gefühlen Luft zu machen. Aber dann kam sein Vorschlag und in seine Stimme klang schneidend, man hörte, dass er keinen Widerspruch dulden würde, Gegenargumente nutzlos wären: „Wir wollen die kleinen Lebewesen" – wieder redete er nur von „kleinen Lebewesen" und nicht von „Schafen" – „ja gar nicht fressen. Wir verlangen nur, dass ihr eure nutzlosen, gefährlichen, das Selbstbestimmungsrecht der Wölfe missachtenden Zäune abreißt." Aber plötzlich wurde er wieder ganz freundlich und sagte: „Wir sind ja auch dagegen, dass eure kleinen Lebewesen gefressen werden. Unser Vorschlag ist: Wir machen einfach einen Strich auf den Boden, den wir Wölfe nicht überschreiten dürfen. Wir sind mündig genug, wir werden ihn achten! Denn kleine Schafe fressen ist und bleibt natürlich verboten."

Viele Stunden dauerten die Diskussionen der Schafe. Manche waren empört und wollten die Wölfe sofort davonjagen. Andere meinten, man müsse auch die Wölfe verstehen und ihre Ansicht respektieren. Schließlich einigte man sich darauf, den Vorschlag der Wölfe im Wesentlichen anzunehmen. Die Zäune zum Schutz der großen, richtigen

Schafe sollten natürlich bleiben, die anderen Zäune zum Schutz der kleinen Schafe wolle man aber abreißen. Um den Strich wirkungsvoller zu machen, einigte man sich auf eine Plakataktion, bei der aber darauf zu achten wäre, die Wölfe nicht zu beleidigen. Blutrünstige Bilder von Wölfen, die kleine Schafe reißen, müssten unbedingt vermieden werden, weil sie nur polarisieren und Emotionen wecken würden.

So geschah es. Unter den Augen der Wölfe, die mit lauerndem Blick das Geschehen beobachteten, rissen die Schafe den Schutzzaun für die kleinen Schafe ab und ersetzten ihn durch eine Boden-Markierung. Dann richteten sie einen dringenden Appell an die Wölfe, die Linie zu respektieren, und boten ihnen Gespräche und Hilfe an, wenn sie allzu großen Hunger hätten. Auf die leise blökende Herde ihrer Kleinen, die nicht ahnte, was geschah, hörten sie nicht. Es schien ihnen peinlich zu sein. Sie wandten sich schnell ab und zogen sich in ihre Häuser zurück.

In den folgenden Wochen wurde nur wenig über die Neuregelung geredet. Es schien verpönt zu sein, über die Strich-Lösung – so nannte man das neue Gesetz – zu diskutieren. Wir müssen den Wölfen helfen und sie beraten, dürfen sie ja nicht diskriminieren, sagten die Schafe zueinander und es war, als ob sie sich durch die Wiederholung der Wolfsargumente selbst Mut machen und gegenseitig bestärken wollten in dem Glauben, sie hätten eine kluge und gerechte Lösung gefunden. Auch darüber, dass die Schafsherde schrumpfte, redete man nicht.

Es dauerte nicht lange, da taten sich einige Schafe zusammen und gingen zu dem Platz, wo sie die Kleinen gelassen hatten. Entsetzt stellten sie fest: Die Wölfe hatten ein Wolfslager eingerichtet, von dem aus sie die kleinen

Schafe bequem holen konnten. Die Markierung, die man zum Schutz gezogen hatte, sah wie ein Kreuz aus, weil die Spur der Wölfe sie schnurgerade überquerte. Als die Schafe, die immer schon vorausgesagt hatten, was geschehen würde, versuchten, mit den Wölfen und den anderen Schafen zu reden, stießen sie auf taube Ohren. Die Schafe sprachen von „Selbstbestimmung" der Schafmütter, die Wölfe fletschten die Zähne und sagten drohend: „Wollt ihr neue Gräben zwischen uns und euch aufreißen, wieder uns Wölfe verletzen und den Frieden zwischen uns zerstören – ausgerechnet ihr, die Schafe, die doch friedlich sein sollten?"

Die Schafe erzählten ihren Regierungsvertretern, wie viele blutige Kadaver sie gesehen hatten. Aber diese unterbrachen sie unwirsch: „Durch den markierten Strich am Boden haben wir deutlich zu erkennen gegeben, dass wir das Verhalten der Wölfe nicht für richtig halten, aber ebenso lehnen wir blutrünstige Geschichten ab, ebenso hochgespielte Emotionen und Verurteilungen der anders denkenden Schafe und Wölfe. Wenn, dann müssen wir die Wölfe überzeugen und ihnen helfen." Nachdem sie noch einiges über Solidarität mit den Wölfen, die Nutzlosigkeit von Zäunen und Selbstbestimmung von sich gegeben hatten, zogen sie sich hinter den Zaun ihrer Dienststallungen zurück. Am Abend prüften sie noch, ob ihr Zaun in Ordnung und die Tür gut verschlossen waren. Beruhigt schliefen sie ein. Das Heulen der Wölfe und Schreien der kleinen Lämmer, das in der Stille der Nacht deutlich zu hören war, berührte sie nicht mehr.